精忠名将 / YUEFEI

岳 飞

马贝◎编著

辽海出版社

图书在版编目(CIP)数据

精忠名将岳飞／马贝编著. —沈阳：辽海出版社，2017.6

ISBN 978 - 7 - 5451 - 4110 - 8

Ⅰ. ①精… Ⅱ. ①马… Ⅲ. ①岳飞(1103-1142)-传记 Ⅳ. ①K825.2

中国版本图书馆 CIP 数据核字(2017)第 136775 号

责任编辑：孙德军

封面设计：李　奎

出版者：辽海出版社

　地　　址：沈阳市和平区十一纬路 25 号

　邮　　编：110003

　电　　话：024-23284381

　E-mail：dszbs@ mail.lnpgc.com.cn

　http://www.lhph.com.cn

印刷者：北京一鑫印务有限责任公司

发行者：辽海出版社

幅面尺寸：155mm×220mm

印　　张：14

字　　数：218 千字

出版时间：2017 年 7 月第 1 版

印刷时间：2017 年 8 月第 1 次印刷

定　　价：29.80 元

《世界名人传记文库》编委会

总　序

我们每个人心中都有自己崇拜的名人。这样可以增强我们的自信心和自我认同感，有益于人格的健康发展。名人活在我们的心里，尽管他们生活在不同的时代、不同的国度、说着不同的语言，却伴随着我们的精神世界，遥远而又亲近。

名人是充满力量的榜样，特别是当我们平庸或颓废时，他们的言行就像一触即发的火药，每一次炸响都会让我们卑微的灵魂在粉碎中重生。

名人带给我们更多的是狂喜。当我们迷惘或无助时，他们的高贵品格就如同飘动在高处的旗帜，每次招展都会令我们幡然醒悟，从而畅快淋漓地感受生命的真谛。只要我们把他们视为精神引领者和行为楷模，就会不由自主地追随他们，并深刻感受到精神的强烈震撼。

当我们用最诚挚的心灵和热情追随名人的足迹，就是选择了一个自我提升的最佳途径，并将提升的空间拓展开来。追随意味着发现，发现名人的博大精深，发现时代赋予我们的使命，发现最真实的自我；追随意味着提升，置身于名人精神的荫蔽之下，我们就像藤蔓一般沿着名人硕大粗壮的树干攀援上升，这将极大地缩短我们在黑暗中探索的时间，从而踏上光明的坦途。

不要说这是个崇尚独立思考的年代，如果我们缺乏敬畏精神，那么只能让个性与自由的理念艰难地生长；不要说这是个无法造就伟人的年代，生命价值并不在于平凡或伟大。如果在名人的引领下，读懂平凡世界中属于自己的那本书，就能够成为最好的自己。

名人从芸芸众生中脱颖而出，自有许多特别之处。我们追溯名人成长的历程，虽然每位人物的成长背景各不相同，但或多或少都具有影响他们人生的重要事件，成为他们人生发展的重要契机，并获得人生的成功。

名人有成功的契机，但他们并非完全靠幸运和机会。机遇只给有准备的人，这是永远的真理。因此，我们不要抱怨没有幸运和机遇，不要怨天尤人，我们要做好思想准备，开始人生的真正行动。这样，才会获得人生的灵感和成功的契机。

我们说的名人当然是指对世界和人类做出突出贡献的伟大人物，他们包括著名的政治家、军事家、发明家、文学家、艺术家、思想家、哲学家、企业家等。滚滚历史长河，阵阵涛声如号，是他们，屹立潮头，掀起时代前进的浪花，浓墨重彩地描绘着人类的文明和无限的未来，不断开创着辉煌的新境界和新梦想，带领我们走向美好的明天。

政治家是指那些在长期政治实践中涌现出来的具有一定政治远见和政治才干、掌握权力，并对社会发展起着重大影响作用的领导人物。军事家是指对军事活动实施正确指引或是擅长具体负责军事行动实施的人，一般包括战略军事家和战术军事家。

政治家、军事家大多充满了文韬武略，能够运筹帷幄，曾经叱咤风云，纵横天地，创造着世界，书写着历史，不断谱写着人类的辉煌篇章，为人们留下了许多宝贵的精神财富和物质财富。

科学发明家是指专门从事科学研究和发明，并做出了杰出贡献的人士。他们从事着探索未知、发现真相、追求真理、改造世界和造福人类的大学问。他们都有献身、求实、严谨和持之以恒的精神，都具有一颗好奇心。从好奇心出发，他们希望探知事物规律，具有希望看到事物本质一面的强烈意识与探索激情。还有就是他们都有恒心，他们在科学研究中不断努力，努力，再努力，锲而不舍，具有永不止步的追求精神。

文学家是指以创作文学作品为自己主要工作的知名人士和学者等。其中，诗人是指诗歌的创作者，小说家指小说创作者，散文家指散文创作者，而文学家则是指在诗歌、小说、散文、戏剧等各种文学体裁领域均取得一定成就的创作者，他们是人类精神财富的创造者。

艺术家是指具有较高审美能力和娴熟创作技巧并从事艺术创作劳动而具有一定成就的艺术工作者。进行艺术作品创作活动的人士，通常指在绘画、表演、雕塑、音乐、书法及舞蹈等艺术领域具有比较高的成就，并具有了一定美学造诣的人。他们是生活中美的发现者和创造者，极大地丰富着我们的生活。

哲学家、思想家是指对客观现实的认识具有独创见解并能自成体系的人士。思想主要是用言语和符号来表达的，而致力于研究思想并且形成思想体系的人就是哲学家、思想家。他们用独到的思想解决生活中遇到的问题，且在此过程中逐渐认识自我与宇宙，以此解决人们思想认识上矛盾迷惑的问题。他们是我们人类灵魂的工程师，塑造着我们的人格，探讨所有人类重要的问题和观念，并创造出一种思考和思想的能力，闪烁着智慧的光芒，照耀着人类前进的步伐，推动着人类思想和精神不断升华，使人类不断摆脱低级状态，不断走向更高境界。人是有思想和精神的高级动物，因此，哲学家和思想家是人类不可或缺的，是我们人类的伟大导师。

企业管理家是最直接创造财富的人。他们创造物质财富，推动社会不断进步，使得人们更加幸福。财富虽然只是一个象征，但它与人们的生活、国家的发展、民族的强盛等息息相关。企业家也创造巨大的精神财富，他们在追求财富过程中所表现出来的创新、冒险、合作、敬业、学习、执著、诚信和服务等精神，是我们每一个人学习的榜样。

我们追踪这些名人成长发展过程中的主要事件，就会发现他们在做好准备进行人生不懈追求的进程中，能够从日常司空见惯的普通小事上，碰撞出思想的火花，化渺小为伟大，化平凡为神奇，从而获得灵感和启发，获得伟大的精神力量，并进行持久的人生追求，去争取获得巨大的成功。

影响名人成长的事件虽然不一样，但他们在一生之中所表现出来的辛勤奋斗和顽强拼搏的精神，则大同小异。正如爱迪生所说："伟大人物最明显的标志，就是他们拥有坚强的意志，不管环境怎样变化，他们的初衷与希望永远不会有丝毫的改变，他们永远会克服一切障碍，达到他们期望的目的。"

爱默生说："所有伟大人物都是从艰苦中脱颖而出的。"因此，伟大人物的成长也具有其平凡性。正如日本著名歌人吉田兼好所说："天下所有伟大人物，起初都是很幼稚且有严重缺点的，但他们遵守规则，重视规律，不自以为是，因此才成为名家并进而获得人们的崇敬。"所以，名人成长也具有其非凡之处，这才是我们应该学习的地方。

英国著名哲学家培根说："用伟大人物的事迹激励青少年，远胜于一切教育。"为此，本套作品荟萃了古今中外各行各业最具有代表性的名人，阅读这些名人的成长故事，探知他们的人生追求，感悟他们的思想力量，会使我们从中受到启迪和教育，让我们更好地把握人生的关键，让我们的人生更加精彩，生命更有意义。

简　介

岳飞（1103~1142），字鹏举，精忠报国之人，著名军事家，中国历史上杰出的民族英雄，抗金名将，南宋中兴四将之一。出生在河北西路相州汤阴县永和乡孝悌里，即今河南省安阳市汤阴县菜园镇程岗村人。

1122 年，岳飞 19 岁，应真定府宣抚使招募，当上了一名"敢战士"，率军平定了相州一带的匪乱。

1126 年，岳飞再次投军，应刘浩招募，在相州参加了赵构大元帅府的部队。不久，岳飞跟随刘浩救援东京开封，因战功升任秉义郎，归东京留守宗泽指挥。此后，岳飞转战开德、曹州，累破强敌，屡建大功。

1141 年，岳飞被解除兵权，任枢密副使。第二年八月，宋高宗赵构和秦桧派人向金求和，金军统帅完颜兀术要求"必先杀岳飞，方可议和"。

赵构乃与秦桧诬陷岳飞谋反，将其下狱。岳飞深知自己蒙冤不白，就裂开自己的衣服辨析冤枉，主审官员们见岳飞背上刺有"精忠报国" 4 字，深入肤里，都知道了岳飞的冤屈，却无力挽救。

1142 年，赵构、秦桧等将岳飞杀害于临安，时年仅 39 岁，他的儿子岳云及部将张宪也同时被害。

1129 年冬，金军在完颜兀术的统率下，大举南侵，一路势如破竹，渡江攻入建康，给了南宋投降派一记响亮的耳光。宋高宗仓皇逃命，身边仅有随臣八九人，乘楼船流浪于温州、台州一带海面。

危难之际，岳飞率部转战于广德一带，6 战 6 捷，俘虏敌军将领 40 多名。连日征战，粮草不继，将士们忍饥挨饿，却不敢扰民，岳飞治军之严可见一斑。

1131 年，江淮一带有李成、张用、曹成等游寇，其中李成拥兵 10 万，割据六七个州郡。这年 3 月，岳飞率军至洪州，出其不意，打败了马进的先锋部队，乘胜追击，收复了筠州。

1134 年，岳飞奉命北伐，主动出击，大破敌军，收复襄阳六郡，后又移军襄阳，继而围攻陈、蔡地区，大败伪齐军，捷报传到朝廷，升官拜太尉。

1140 年，金军分四路南下侵宋。岳飞于六月再次从鄂州出兵北伐，大破兀术"拐子马"于郾城，这就是历史上有名的郾城大捷。

在南宋的抗金战役中，岳家军英勇善战，战绩辉煌，给后人留下了无数可歌可泣的传奇故事。

岳飞善于谋略，治军严明，他所率领的岳家军以"冻杀不拆屋，饿杀不打掳"著称。在其军旅生涯中，他亲自参与和指挥了数百次战役，战功赫赫，威震天下。

此外，岳飞文采斐然，戎马倥偬之余写有一些诗文，气势雄浑，奋发昂扬，后人将其文章、诗词编成《岳武穆遗文》，又名《鄂忠武王文集》，流芳后世，千古不朽。

目 录

大难不死的新生儿

1103年3月17日，在相州汤阴的一户人家里传来了婴儿呱呱坠地的哭声，这个婴儿便是后来的抗金英雄岳飞。

岳飞是宋朝著名的抗金将领，也是我国历史上杰出的民族英雄之一。岳飞作为我国历史上的抗金英雄，其精忠报国的精神深受我国各族人民的敬佩。

提起岳飞的名字，人们脑海中会浮现出征战沙场的将士身影，身后的铁马金戈衬托着将士伟岸的轮廓。那么，岳飞的名字又是怎么来的呢？这还要从岳飞出生时的一个故事讲起。

当天一位丫鬟从屋里面飞奔出来，笑嘻嘻地叫道："岳员外！岳员外！夫人生了，是男孩！男孩！"

屋里几位帮忙接生的妇女仍在忙碌着，见岳员外进来，连道恭喜。夫人姚氏经过生产的痛苦折磨后，已疲惫不堪，她见了丈夫，苍白的脸上不禁泛起红光，说："快看看你的宝贝儿子！"

岳员外忙捧起正吮手蹬腿的儿子，左瞧瞧，右看看，乐得直说："岳家总算后继有人了！"

姚氏说："你别只是傻乐了，快给儿子想个名字吧！"

这时，屋顶上的大鸟又发出一阵鸣叫，岳员外灵机一动，脱口说："名就叫飞，字叫鹏举吧！愿他日后能像大鹏一样展翅高飞，建功立业，光宗耀祖！"

岳员外岳和是岳家庄的大户，田产家财颇丰，但他生活简朴，为人善良，常常节衣缩食，来赈济庄里的贫民。对他来说，唯一也是最大的遗憾是年近半百，还没有子嗣。

为此，岳和曾四处访医寻药，甚至烧香拜神。如今，他总算如愿以偿，自然高兴万分，在家堂神庙点烛燃香，忙个不停。他还打算在岳飞满月时大摆筵席，款待全庄乡亲。

但还没等这一天到来，一场天灾就不期而降。一天，一阵怪风骤然刮起，随即从山后升起一团黑云，飞快地翻滚过来，霎时间弥漫整个天空，将炎炎赤日遮了个严严实实。

一道道耀眼的闪电过后，便是一声惊天动地的惊雷，紧接着，瓢泼大雨从天而降。岳家庄的人从未见过这么暴烈的雷雨，惴惴不安地待在屋里。

忽然，从远处传来一阵阵恐惧的叫喊："黄河决口了！黄河决口了！"顿时，岳家庄就像炸了锅，人们不顾电闪雷鸣，风雨交加，扶老携幼，哭着叫着跑出屋子，涌向村外，向地势高处奔去，但这怎能跑得过猛若禽兽的洪水呢？

岳和听到呼喊声，慌忙抱起不满月的岳飞，携着姚氏，踉跄着跑到院子中。这时他已听到洪水的呼啸声和成片房屋倒塌的声音，看来跑是来不及了。情急中，他一眼瞥见了放在墙角的一只大木缸。

岳和先让姚氏坐了进去，再将岳飞递过，让她抱在怀中，颤抖着说道："夫人，我将儿子托付给你，靠你保全一点岳氏血脉，我就是喂了鱼鳖，也能含笑九泉了！"话音刚落，一股洪流涌来，岳和手一松，木缸就随水漂走了。

姚氏在缸内急呼："老相公，老相公！你怎么了，你在哪儿呀？"凄厉的喊声被暴风雨吞没。大木缸载着姚氏母子俩夹杂在许多漂浮物之间，在汪洋大水中浮动，木缸上露出一顶雨伞，一阵狂风吹来便将雨伞刮入水中。

孤独的姚氏几次想跃入波涛之中，随丈夫而去，但当看到安安静静躺在怀中的岳飞，想起丈夫的叮嘱，她便犹豫了。她不应该寻死觅活，应尽最大努力把岳飞抚养成人，这样才能无愧于丈夫。想到此，她将岳飞紧紧搂在怀中。

岳飞母子坐在木缸内，随波漂荡，但所幸有惊无险，最后在河北大名府黄县境内，随一股水流漂向岸边，被人救起，得以逃生。在这场大洪水中，岳家庄人九死一生，岳飞母子竟奇迹般地活了下来。

立志从军，保家卫国

河北内黄县的王家庄的厅堂里，员外王明正在欣赏古玩。忽然，他听门外传来喧嚷的声音，便停了下来喊道："王安。"

一个青年匆匆进来问："老爷，有何吩咐？"

王员外说："外面何事喧闹。"

王安回答说："老爷，洪水退后，河面上漂来许多浮财，老乡们正在打捞呢！"

王员外与王安一同向门外走去。在宽阔的河面上漂浮着一些家具、衣箱、杂物。许多人拿着长竿、短钩争着打捞。王员外主仆二人往河边走来。

一个性格开朗的中年妇女笑着对王员外说："王员外，你也来看热闹嘛！"

王员外点头道："对，对。"

王安突然指着河中说："老爷你看，那是什么？"

王员外顺着王安手指看去，见有一个圆形的东西从远处漂来，好像是一口缸。

王员外主仆二人走到河边，大缸已离河岸不远，只是用手够不着。王员外对王安说："你去借根竿子来。"

王安说："好"。他走到刚才那个打招呼的妇女跟前说："刘大嫂，借竹竿用一下好吗？"

刘大嫂说："哎哟！你们员外还捞东西嘛！"

王安笑笑说："是呀！"他接过刘大嫂递过来的竿子便急忙奔向王员外。

王员外见了说："啊！还带着钩呢！快把缸钩过来。"王安把停在柳荫下的木缸移到岸边。

王员外靠近木缸一看，原来里面坐着一个怀抱婴儿的妇人，好像已经昏睡过去。此时打捞财物的邻居也纷纷围观。

王员外蹲下身子，用手在妇人鼻子下探了探道："还有气，赶快救人。来，乡亲们，快帮一把。"

这时有的人在议论："这年头，自家人都吃不饱，还请个吃饭的回去。"

刘大嫂匆匆赶了过来说："王员外，让我来。王安，下去。"又对边上的两个青年说："你们也下去，来，使劲，一、二、三。"几个人把缸移到了岸上。

缸中的姚氏慢慢睁开眼睛，叹了口气说："这里莫不是阴曹地府么？"

王安说："这位奶奶好笑，好好的人，怎么会是阴曹地府呢？"

王员外看到妇人说话了，忙对刘大嫂说："快，快把她扶起来。"大家把姚氏扶出缸外。

王员外对王安说："你快回去告诉夫人，准备热水和衣服。"

王安应道："好！"转身往家跑去。

岳飞母子虽然侥幸生还，家道却因此败落。这场灭顶的洪水，使岳家祖辈辛勤积累的丰厚资财及在此基础上的社会地位都付之东流，富家子弟可享受到的一切岳飞都享受不到了。

经过这次灾难，岳飞母子转眼间由比较富裕的庄户降为贫雇农。生活日益残酷，尤其在天灾人祸连绵不断的北宋末期。

岳飞母子获救后被姓王的员外所收养，岳母平日靠为人做针线活来维持家计，抚养岳飞。

岳飞长到四五岁时就帮助母亲干活，母亲边干活边教他识字。因为家里穷，买不起纸和笔，母亲想了个办法，把细沙铺平作为纸，树枝当笔，练习写字。

岳飞从小勤奋好学，并且热爱劳动。他的记忆力很强，教过的字，读过的书，大都牢记不忘。到了上学的年龄，岳母便省吃俭用，送儿子上学。岳飞跟着老师学习，不像别的孩子那样啃书本，而是注意领会书中的精神和要领。因此，他的学习成绩在同学中遥遥领先。

几年之后，由于家里太困难，岳飞就对母亲说："娘，我可以干活养家了，我不上学了。"

母亲说："孩子，家里的日子是不好过，可你现在不上好学，将来怎能有出息呢？"

岳飞说："我不在学堂里，也可以读书呀！"

母亲听了岳飞的话觉得也有道理，就同意了。

岳飞离开学堂之后，到几十里之外的韩家当佃客。此时，金国军队不断入侵中原，人们为了防身护家，纷纷习武练功。

岳飞六七岁时，迫于生计，就开始做一些力所能及的体力劳动，砍柴放猪，打水送饭。年龄稍长时还曾到大户人家做庄客，打短工。在这种情况下，他自然无法专心求学读书。但岳飞勤奋好学，上进心强，利用一切可能的时间和机会学习。

岳飞从小时候起就渴望做一名将士来保家卫国。他不是不想金榜题名，而是实在忍受不了异族侵略者的嚣张气焰。

由于北宋武备松弛，委曲求全，辽金屡屡起衅，侵扰中原，饮马黄河，大肆劫掠。官军每每闻风而逃，老百姓备受兵灾之苦。

这一切给年少的岳飞震动很大。他认为，在国家民族处于危难的时候，仍去孜孜追求自己的科场功名，是最不光彩的行为，非大丈夫之所为。他果断决定，长大后一定要从军，抵御外族侵扰，保卫自己的家园。

周家学馆外的旁听生

一天，王员外、汤员外、张员外3人商讨孩子的教育问题。

王员外说："最近，我远近找到了几位颇有名气的先生，可他们一听说孩子难管，就不肯来。"

汤员外说："我也四处打听过，没有合适的。"

张员外说："自古名师出高徒，找不到名师，孩子们难成大器呀!"

正在大家一筹莫展时，只见王安进来禀报："老爷，陕西周侗老相公来访。"3个员外听了大喜，一齐出门迎接。

王员外上前拱手道："大哥久不相会，是哪阵风把你给吹来了?"

身背包袱和弓箭的周侗拱手说："各位贤弟，久违、久违，大家一向可好。"

4人进入厅堂坐下。丫鬟随即上茶。

王员外问："大哥，一别20多年，不知在何处高就?"

周侗说："原在东京授徒，如今年迈，只想会会老哥们儿，叙叙旧情。"

汤员外问："未知嫂子、令郎在何处?"

周侗说："老妻去世已久。"

王员外安慰说："大哥不必悲伤，如果你老不嫌弃，这里就是你的家。"汤、张二人也随声附和。

周侗说："承蒙各位贤弟厚爱，老夫已无牵挂，四海为家而已。不知贤弟们都有几位令郎？"

张员外："我们3个各有一个，不瞒兄长说，目下正为这3个孽障烦恼呢！"

周侗说："3位贤弟不必见外，老夫就成就了孩子们吧！"

3位员外齐声说："好"。

在王家庄内的大草坪上有七八个孩子在戏耍打闹。一个庄丁匆匆跑来高叫："王少爷，张少爷，汤少爷，快些回去你们老爷又请了一个老师教你们读书呢！"

于是，这3个年约六七岁的孩子很不情愿地跟在庄丁后面往一幢大房子走去，这3个孩子分别叫王贵、张宪、汤怀。

3人说说笑笑走进一间大厅。大厅里坐着4个老人，其中3个年约50，俱是员外打扮，衣帽鲜丽大方。另一人年近70，穿着朴素但显得精神抖擞，骨骼非凡，他就是大名鼎鼎的80万禁军教头林冲的老师周侗，他还先后收过梁山好汉卢俊义、武松为徒。3个孩子各自见过员外。

王贵的父亲王明说："孩儿们快来拜见周老师。"

3人同时说："拜见周老师。"说着在周侗面前跪倒，磕头。

周侗说："罢了，罢了，都起来吧！"3人谢过，起身站在一旁。

周侗高兴地说："老夫与3位员外一别近20年，不想令郎们俱已这般大了，可喜可贺！"

岳飞从小喜欢读书习武，但是家境寒苦，家里没有多余的财力让他从师学艺。一年春天，岳飞做完了田里的事，又去砍柴，回来发现村侧柳林后面开了一所学馆。岳飞躲在学馆后面听老师讲课，他听得津津有味，居然忘记了时间。

尽管能听到老师讲课的声音，但岳飞看不到老师本人，他一直在猜想，老师究竟是什么样子呢？

后来向人一打听，岳飞才知道这个老师周侗是陕西人，年已60多岁，人很精神，不但书教得好，还会教学生骑马射箭和诸般武艺。

周侗教书的方法也和寻常不同，最重要的是讲解和师徒间的互相问答。特别是对于兵法和行军打仗之学，讲起来有声有色，使人听而忘倦。

当时，宋徽宗正搜刮全国财富以供君臣的荒淫享受，闹得田地荒芜，民不聊生，水旱频仍，怨声载道。由于民间所受灾害的严重，必然地招来了外患的侵袭。百姓们在这双重暴力夹攻之下苟延残喘。

岳飞恰恰生在这个时代里，从小就听父老乡亲们谈起朝廷无道、外患日深和敌人的残暴，家庭又是那么寒苦，不觉激起了爱国爱民的心志和对敌人的仇恨，读书习武的愿望也就日益迫切。

无奈这位周老师是当地几家财主费了许多心力聘请而来，学钱还在其次，最主要是老师的脾气很古怪，所收学生均要经过他的选择。如果看不上，不管学生的家长有多大财势，送他多少钱也是没办法，说不收就一定不收。

岳飞刚想附读，便受到旁人的讥嘲，说他不知自量，家况寒苦，出不起学钱。学中多是富家子弟，穿得好吃得好，来去都有人接送，贫富悬殊，如何能与之为伍？

附学的念头打消后，岳飞便在门外偷听。偷听了几次讲书之后，越听越痴迷，老是放它不下，一天不去便寝食不安。

　　农村中的孩子是要帮助家里下地劳动的，岳飞又深知家庭困难，平日刻苦耐劳，所做的事甚多，一身不能兼顾。仗着聪明会算计，几次去过，听出周侗讲书是在清早和黄昏前，单日习文，双日习武。柳林以内就是演武场，还可暗中偷看，学些武艺。便把听读和砍柴下田做杂事的时间，仔细盘算。调配了一下，再和岳母说好，按时前往。这样，岳飞便成了周家学馆门外的旁听生。

　　学馆靠近一片柳林，有 10 多间房、一个大院子，地势很幽静。书房两面皆窗，没有外墙，旁边有一小门，学生由此出入。

　　每到双日的下午，学生都会到柳林习武射箭，岳飞便掩在树后偷看，暗中学练。他最先看到众学生都是按时自习，老师从不在旁传授，心中觉得奇怪。后才听说，周侗传授武艺，都是在当天一清早在书房后面的院子里，轻易不肯出门一步。

　　这样秋去冬来，到了年底，忽然连下了 3 天大雪。周家学馆里面炉火熊熊，温暖如春，还有书童下人按时给学生们送饭添衣，服侍周到。而岳飞只能在外面凛冽的寒风中，冻手冻脚地颤抖着偷听人家读书，连门都不能进。

　　一天，岳飞又去学馆旁听，在路上，他想起快下雪的那天，听周老师讲用兵之法，讲的是十倍而围，五倍而攻；必胜始战，战必收其全功；见不能胜则退，退必保其全师。

　　周侗把孙子兵法和他多少年来的苦心研究联起来讲，说得头头是道。后来又讲到以少胜多的战法，还没有讲完，天便黑透了。跟着风雪交加，学生们也放学回家了。

　　接下来的三四天，岳飞都没有来。兵法中最紧要的一段偏被错过了，岳飞觉得十分可惜。心中正盘算着，不知不觉已经到了周家门外。

岳飞看到学馆门窗紧闭，静悄悄地一点声音也没有。他害怕人误会，不敢去到窗口窥探，便在寒风中站了一会。

岳飞觉得学馆里面应该没有人，这时，他发现由旁边小门起，有一行脚印，像是去往柳林方向，岳飞跟着脚印来到了柳林。

柳林就在周家附近，林外有一条小溪，溪水早已冰冻，上面布满了积雪，沿溪都是古柳高槐。

岳飞走着走着，忽然听到铮铮的金铁交鸣的声音。他急忙躲到树后面一看，原来林中亩许方圆的空地上，有两人正在比武，内中一个正是周侗的儿子周义。另一个少年貌相英伟，关中口音，岳飞以前没有见过他。

两人双枪并举，打得胜败难分。岳飞正看得兴起时，突然听到铮的一声，一条人影已经纵出丈许远近，随即听到那个少年说："到底还是世弟，整天跟着老世叔，长进得多，再打下去，我就不是对手了。"

周义笑着说："杨大哥，没有的话！我这套枪法刚学不久，哪里能跟你比？难得同学们都回家过年去了，今天我还要随大哥再练一回呢！"周义看了看天色，又说，"原来天已不早，难怪大哥不愿再练了。"两人便收了兵器，互相说笑着往回走。

岳飞看到二人有说有笑，十分友好，他想："看他们多好，我就没有这样的朋友。"

周义与姓杨的少年从树旁走过。岳飞心中正在想着事情，忘了闪开，正好对面互看了一眼。岳飞看到两个人走在路上交头接耳，好像在谈论自己。

姓杨的少年忽然停步，把头一偏，看神气想要回身，被周义拉住，又回望了一眼，然后一同走开了。想起以前因在学馆门外偷听读书，受到恶奴的气，全仗周义出来说话，岳飞因此对他心存感激，想和他说话，他又装着没有看见自己一样，神情傲慢。今天姓杨的偏又被他拦住，他们分明是看不起自己嘛！

岳飞寻思着，越想越觉得气闷，这时，忽然听到树枝上微响，一片雪花落在头上，冷冰冰的。抬头一看，树上还有一个乌巢，里面伏着一只乌鸦，看神气已快冻僵了。

岳飞想："你现在正和我一样，可是天气一暖，你便羽毛丰满，海阔天空，任你飞翔了，我呢？"心念才动，跟着又是一阵风来，又洒了一头碎雪，因学生们都已回家过年，听两少年后来的口气，饭后不会再来，只得无精打采地往回走。

墙上题诗受关注

在私塾里，周侗把几本书发到 3 个学生面前说："你们记着，既是学生，就要好好爱惜书本。"

站在儿子身边的王员外拿起儿子面前的书看了看，不以为然地笑着说："大哥，你仍旧拿这些东西教他们？"

周侗说："怎么，你以为你儿子现在大有学问了么？"

王员外说："不是，我以为大哥一代通儒，又是世宿名将，不教他们《大学》《中庸》，也会教点《孙子兵法》什么的。"

"老弟，"听了王员外的话，周侗皱着眉头说："你这话差矣，岂不闻三代之隆，其法具备。然后王宫、国都，以至闾巷，莫不有学。从那时候起，人生 7 岁，上至王公，下至庶人子弟，皆入小学。小学是什么，小学就是这些教以洒扫、应对、进退之节，再就是礼乐、射御、书数之文。就是王公弟子尚且如此，老弟又怎么可以小看这些蒙学之书！"

王员外不好意思地说："我以为我不想让他们将来去应什么科举，这应对、礼乐之事就可以免了。"

周侗接着说："我也不喜欢繁文缛节，但凡事总有个循序渐进的过程。为人师者，若急功近利，不算教育得法。何况孔子授徒，尚先授以《曲礼》《少仪》《内则》，则因小学之成功，以著大学之明法。俗儒记诵章句之习，其功倍于小学而无用；异端虚无寂灭之教，其高过于大学而无实。其他权谋术数，一切以功名成就之说，惑世诬民，充塞仁义，岂不是误人子弟。"这时，岳飞正在私塾旁边偷听，听到周侗的讲解，岳飞默默地点着头。"这先生果然有学问，"岳飞在心里说，"我若能在他的帐下聆听教诲，那便可以不虚此生了。"

这天夜里，一钩新月悬在天空，满天的繁星格外耀眼。岳飞坐在阶前，默默地望着那浩瀚的苍穹。

"飞儿，"身边的母亲问："你在想什么？"

"娘，"岳飞说，"我在想今天周先生教的课，周先生说：韩柳欧苏，固文人之最著，起翦颇牧，乃武将之多奇。周先生还说：白起是秦国的将领，最善用兵，他用反间计，使赵国罢了廉颇的兵权，但他竟斩赵兵 40 万于长平，这么残忍的人，我看他算不上什么将才。"

听了儿子的话，姚氏不由得高兴起来："飞儿，你喜欢听这一类的故事？"

岳飞点点头。

"你希望长大了成为将军吗？"姚氏的脸上充满了希望。

岳飞没做声。

"你怎么不说话？"姚氏问。

"如果我成为将军的话，我会成为一名爱护士兵，爱护百姓的好将军。对待敌人要狠，但我决不像白起那么残忍。"岳飞深沉地说。

姚氏欣喜地望着儿子点点头："这才是我的好儿子。"

"可我现在还不是将军。"小小的岳飞总是那么深沉，停了一会儿他又说："王员外他们请的周先生可真有学问。"

　　"是啊！"姚氏的神色在一刹那间又暗淡下来："可惜我儿不能拜在他的帐下。"

　　在院子里，周侗正挥舞着钢枪，在嗖嗖的风声中，他手中的长枪一会儿如玉燕穿林，一会儿如怪蟒翻身。枪尖到处，仿如流星点点，红缨扰动，声似翻江倒海。流星点点，扎的全是对方要害；翻江倒海，身手捷如戏水蛟龙。在场的几个孩子全都看呆了。

　　3个孩子拍着巴掌高喊着："好啊！好啊！好啊！"

　　在一根柱子后面，还有一个孩子在默默地看着，他就是岳飞，这时他也不由得微微笑了。

　　这一天，王贵伏在自己桌子上，大笔一挥，写下了"王贵"两个字。

　　张宪趴在旁边，笑着瞧着。

　　"哈哈，"王贵望着自己的字，傻笑着说："张宪，你瞧，我的草书写得怎么样？"

　　张宪瞥了一眼说："什么呀？我以为你在画我们上次挖的蚯蚓呢！"

　　王贵："好啊！敢挖苦我！"说完，他与张宪打闹了起来。

　　这时周侗走了进来，他厉声喝道："张宪、王贵别闹了，汤怀你也别写了。"

　　3个孩子都坐好了。

　　周侗说："你们3个都听好了，我现在宣布一件事，今日我有事要出去一趟。我走之后，你们不得顽皮淘气，我这里分别给你们出了3个题目，你们要把它写成文章，听到了没有？"

"听到了。" 3 个孩子异口同声地回答。

周侗提起手中的缰绳，骑着马奔驰而去。

"白胡子大爷走啰！" 王贵挥舞着双手，跳着狂呼起来。

"我们自由啰！" 张宪的声音更大，跳得更高。

"你刚才笑话我的字难看！" 王贵还惦记着刚才的事呢！过去就给张宪一拳。

"是很难看啊！" 张宪也不示弱，两个人又打到了一块。

这时，汤怀推着岳飞的肩膀走了进来。汤怀说："岳大哥，你进来看看吧！我们这位先生学问大着呢！"

"岳大哥！" 王贵、张宪停住了打闹，围住了岳飞。

岳飞好奇地四处打量着，他信步走到书柜跟前。架上放着那么多书，简直使岳飞兴奋不已。他随手从书架上抽出一本书，便如饥似渴地看起来。

张宪望着岳飞，诡异地笑着。

王贵愣愣地问："喂，你笑什么？"

张宪凑过去，在他耳边低语着。

王贵拍着手笑起来："太好了，我怎么没想到啊！"

"你们干什么呀？" 汤怀望着他们问。

"走，咱们玩去！" 张宪和王贵架着汤怀就朝外走。

"哎，干什么呀？" 汤怀大声喊着："先生布置的文章我们还没写呢！"

"岳大哥，" 王贵回过头来朝岳飞高声喊说："这件事就拜托你了！"

岳飞抬起头来，茫然问："什么事？"

王贵笑了笑说："先生要我们每人写一篇文章，题目在桌上，麻烦你代劳一下。"

"你们!"岳飞有些犹豫。

"别谦虚了，"王贵又喊："我们知道你行，点心在抽屉里，饿了你自个儿吃。"

岳飞还没回过神来，王贵他们已经消失在门外。便放下手中的书，替3人写好文章。

岳飞从书架上又取出一本，这是一本《孙子兵法》。他惊喜地打开书，轻轻地念道："孙子曰：兵者，国之大事，死生之地，存亡之道，不可不察也。"

岳飞索性坐下来，他如饥似渴地读着："一曰道，二曰天，三曰地，四曰将，五曰法。道者，令民与上意同也，故可以与之死，可以与之生，而不畏惧。"他抬起头，心里轻轻地默念着："道者，令民与上意同也，故可以与之死，可以与之生……"

岳飞站在满满的书架前，痴痴望着那些书，显得那么惆怅。突然，他从王贵的课桌上取出一支笔，沉思片刻，在砚池中蘸饱了墨，然后走到粉墙边。

"自古男儿羡须眉，"他手中的那支笔在粉墙上飞快地写道："少年心事几人知。"这首诗已一挥而就，他站在那儿轻声念道："乞食漂母需自勉，敬履只缘有黄石。英雄自合调羹鼎，云龙风虎各相宜。自古英雄出少年，浩然正气荡乾坤。"

念完，岳飞又举起笔来，在后面署道：汤阴岳鹏举偶题。

突然，门"砰"的一声被推开了。岳飞惊得回过头来，看到王贵飞也似地跑进来，惊慌地喊："岳大哥！你快走!"

"怎么啦?"岳飞诧异地问。

"不知怎么搞的，"王贵上气不接下气地说，"白胡子大爷回来了。"

后面，张宪、汤怀也气喘吁吁地跑了回来。

"你快跑，"王贵拼命地推着岳飞，"你快跑，要不然，大家的屁股都会挨板子的呀！"

不一会儿，周侗鬼使神差地又返回了私塾。

"这文章是你写的吗？"周侗用严厉的目光望着王贵问。

"嗯！"王贵低着头，轻声回答。

周侗语带挖苦地说："半天不见，你进步不少啊？"说着，他又望了张宪、汤怀一眼。那两个人不做声，都紧紧地垂着头。

"把你的文章递上来。"周侗对张宪说。

张宪怯怯地双手把自己的文章递了过去。但周侗的目光，却落在前面的粉墙上。"自古男儿羡须眉，"周侗皱着眉头，一面缓缓地走着，一面轻轻地念着："少年心事几人知。"

王贵、张宪，汤怀一抬头，也都看见了粉墙上的字，他们的脸上都不禁流露出几分诧异的神色。

"乞食漂母须自勉，敬履只缘有黄石。"周侗的眉头慢慢地展开了，他的声音也渐渐变得抑扬顿挫起来："英雄自合调羹鼎，云龙风虎各相宜。自古英雄出少年，浩然正气荡乾坤。汤阴岳鹏举偶题。"

"岳鹏举，岳鹏举是谁？"周侗严声询问面前低着头的3个学生。

"岳鹏举就是……就是岳飞。"王贵喃喃地说。

"岳飞又是谁？"周侗疑惑地问。

"岳飞就是……就是岳大哥。"张宪大声说。

"岳大哥，你岳大哥多大了？"

"9岁。"王贵仍旧喃喃地说。

"9岁？"周侗不相信地问："9岁能写这么好的诗？"

"先生，"汤怀抬起头来说："他的确与我们同岁，他好聪明。"

"9岁，汤阴人，为什么会在这儿？"周侗接着问。

"先生，"汤怀接着说："他很小的时候，家乡发洪水，把他父亲淹死了，他母亲抱着他坐在水缸里，被洪水冲到这儿，是王贵父亲收留了他们。"

　　"有这样的事情？"周侗若有所思地问。

　　"先生，"王贵大声嚷起来："岳大哥不仅很聪明，而且他好大的力气，村里的大人们都说我和张宪的力气大，可是我们两个人加起来都打不过他呢！"

　　"是吗？"周侗似乎明白了什么，他忍不住高兴地说。

　　"真的，没骗您。"看到先生的笑脸，王贵得意地喊着。

　　这时，周侗脸上露出了微笑，他的情绪变得兴奋起来，他在心里说："莫非他就是我苦苦寻觅的传人！"

决不敢失信于知己

一天，岳飞做完活后便开始往家里赶。离家还有半里多地时，岳飞瞥见山坡上伏着两只山鸡，右边一只长尾巴上还附着冰雪。

岳飞知道这时候的山鸡又肥又嫩，这东西最爱惜它的羽毛，尾巴上有雪便飞不快，正好都打回去孝敬母亲。

岳飞便把身边软弓竹箭取出，扣上弦，先朝左边一只射去，正好射中那只头部。只蹦起丈许高，连翅膀都没张开，便落了下来。右边一只刚刚惊起，岳飞早打好了主意，头一箭刚发，第二箭也相继射出，当时穿胸而过，两只山鸡全被射中。

接着，岳飞忙赶过去，连鸡带箭全拾起来，往家飞跑。到家一看，门前大片积雪已被母亲扫光，只有两片平整的雪地未动，岳飞刚喊了一声"娘"，母亲已经从屋子里面赶出了。

姚氏接过岳飞手中的山鸡，笑着说："你脸都冻紫了，还不快到炕上去暖和一会儿！你看那两片雪地，想留给你写字，还舍不得扫呢！"

岳飞忙喊："娘！儿子不冷。今天人家放学，书没听成，正好练字。"说罢，就往屋里跑。放下弓箭，把平日画沙的笔取了出来。

岳飞拿了木笔画雪练字，连画了两个时辰。眼看太阳已经偏西，岳飞正打算去到后面生火煮饭，忽听有人笑说："果然难得！"他回头一看，身后站着一个年约50的老翁，穿着一身粗衣布服，上下却极整洁。

岳飞幼承母教，从小知书达理，他连忙起身拱手为礼，喊了一声"老大爷"。

来人是岳家多年好友李正华。他看到岳家孤儿寡母生活艰难，第二天一早，李正华命令人送来了很多粮、肉、布匹和江南的土物，还送了一些笔墨纸砚和十几套书与岳飞。当时岳家已快断粮，眼看明春难度过，不料多年良友雪里送炭，感激欣慰自不必说。岳飞有了书读，更是喜出望外。

最令岳飞高兴的是，李正华经常到家里来看岳飞读书，并殷勤指点。岳飞读到的书有些是断简残篇，也都给补上了，李正华又常把岳飞请到家中去讲解。

李正华经常谈起周侗文武全才，收徒不论贫富，更不计较束修，但求学的人天分要好，心志还要坚定，能耐劳苦。

岳飞几次向李正华请求，要拜周侗为师。李正华总是微笑点头，说过些日子再说。听李正华的口气，他和周侗二人好像很熟，岳飞再一追问，他的话又含糊起来，这使岳飞心中老大不解。

李正华有一个女儿，名叫李淑，她从小就喜欢读父亲的书，因此聪明能干。岳飞有时看到李淑，也不回避。

岳飞每逢双日，仍然往柳林偷习武艺，只是从开头起，所见到的都是一群学生，周侗从来没有出现过。

第二年的春天，李正华要出门访友，岳飞仍是每隔一天，便往柳林去一趟。当时村中老百姓日子越发穷苦，岳家全仗李正华时常周济，加上本身勤苦耕作，才能度日。李正华临走的时候再三嘱咐，要岳飞专心一意读书习武，不要只顾下地。

一天，岳飞去往野外练习弓箭，先赶上一伙由城里出来的富家子弟，拿了弹弓在那里打鸟玩，便躲了开去。无意中又走到了七里沟周家附近。

柳林中设备齐全，单箭靶就有好几个，还有各种兵器陈列在那里。岳飞害怕引起对方不快，从来不曾拿人家的东西练习过。

岳飞知道当天不是练武的日子，正想另换一个地方，不料远处空中飞来一行雁阵。一时技痒，想试一试新练的连珠射法，忙取身后短箭，迎头射去，口中低喝："先射第二，再射第三，都要中头！"

双雁已经落地，岳飞忙赶过去拾起来一看，箭都射中雁的头颈。心中一喜，瞥见来路边的桃树后闪出一个老者，正朝自己含笑点头。

岳飞见那个老者慈眉善目，举止安详，衣冠朴素，从来不曾见过他。岳飞走上前，还没有开口，老者便问："你这娃的箭，是谁教的？"

岳飞一迟疑，还没回答，老者接口又说"你头一箭还好，第二箭就差得多。若非那雁往侧群飞，自凑上来送死，你又顺风迎头而射，就射不中了。不信？你看，这第一只雁，你正中它的咽喉要害，射得颇准，这第二只雁，你就是由它左肩向上，斜穿头颈而出。这只能算是凑巧碰上，还不能算射中，你知道吗？"

岳飞一边笑着回答"是"，一边将死雁提起一看，情况果然和老者说的丝毫不差。岳飞暗自思忖，老人一定是此中高手无疑。岳飞连忙恭恭敬敬上前求教，并问："老前辈贵姓？"

老者笑着说："你先不必问我姓什么，也不谈别的，只问你有没有恒心，能不能吃苦吧？"

岳飞觉得老者的声音很熟悉，便恭敬地回答说："小子不怕吃苦，也有耐心。"

老者哈哈大笑说："好！由明天起，你未明前起身，去到七里沟山坡无人之处，在相隔百步之内，挂一竹竿，上面挂着大小3个带有风叶的竹圈。你对着初升起来的太阳，朝那竹圈注视，看它随风的转动次数，每一个圈都要数到300为止。竹圈大小不等，被风一吹，转动起来，有快有慢。"

"除大风外，必须3个转数都要同时记清。稍微有点含糊，就得重数。等阳光射到脸上，你已睁不开眼睛时，再闭目养神。过一会回家，明早再来。隔四五天，你把竹竿移远两三步，直至300步左右为止。"

"这件事说起来并不稀奇，但非有恒心毅力不可！练过百日以后，不管风怎样吹，你能够在300步远处，把这大小3个竹圈转数记清，才算是有了根基，再练下去就百发百中了。你这副弓箭，还不合用，到时我再给你打主意吧！"

岳飞听老者一说，十分高兴，忙要行礼拜师，老者一手拉起，笑着说："我还不一定教你呢！你忙什么，单学射箭，用处还不大，只要真能吃苦用功，没有学不成的事情。我这徒弟不容易收，你这师也不容易拜呢！"

岳飞觉着老者表面上言语温和，蔼然可亲，暗中好似别具一种威严，使人自生敬意。岳飞不敢多说，只得诺诺连声，恭敬称谢。

老者又对岳飞说："你不必来找我，到了一百天的期限，我会找你。"说罢，转身离开了。

从此，岳飞便照老者说的方法去练。天还没有亮，他就起身，来到老者所说的地方，把竹竿横插树上，挂上3个大小竹圈，面对阳光，定睛注视，一天也没断过。

开头一个多月，岳飞感到非常难耐，那3个竹圈的转动次数，首先数不过来。稍微一晃眼，觉着没有数对，便要重数，一回也没有数满，就到了无法睁眼的时候，风大时尤其麻烦。

四五月间的阳光，一天比一天强烈，岳飞用功又勤，每日不被阳光射得眼睛睁不开，绝不肯走。就这样两个多月光景过去了，老者始终不曾再见，岳飞的两只眼睛却被阳光射得又红又肿，练的时间比初练时也增加了一倍以上。

到了第三个月的下旬，岳飞心性越来越静，所定竹圈转动的次数，居然能够数完。两眼红肿逐渐消退，阳光也不像以前那样刺眼了。正想100天的约会快到了，眼看就有拜师之望，李正华忽然回家，将岳飞喊去，笑着说："你不是要拜周侗为师么？再过10来天，我领你去。"

岳飞虽然仰慕周侗已久，但那天射雁时所遇的人曾经当面接谈，对他慰勉甚殷，看出是位高明人物。尤其是经过3个来月的苦练，有了成效，目力首先比以前强了许多，由不得心中感佩。眼看百日期满，李正华引他去见周侗的日期，又正是那人所约的100天头上。不答应不好，答应又恐失信。

岳飞想了想，便对李正华说，打算过了那人约会再作打算，以免辜负对方盛意。

李正华说："我已托人和周老师说好，就这一天见面，如果他看你是个材料，当时就可收你为徒。约好不去，此老脾气古怪，以后求他，恐怕难呢！"

岳飞慷慨地回答说："侄儿因为家贫，无力从师，在周家门外偷听了一年，没有一人理我。因为我射雁，遇见这位素不相识的老人家，对侄儿那样殷勤指点，再三勉励，倘若失约，非但辜负老人家美意，侄儿当初所说的话，岂不成了假的？人生世上，重的是信义二字，伯父与周老师的约会，侄儿先并不知，并非有意失约。周老师知道此事，也必原谅侄儿求学苦心，未必见怪。还望伯父成全，向周老师婉言相告，等侄儿向那位老人家学了射法，再去求见拜师吧！"

李正华又说："这位周老师是一位奇士，名满关中。拜他为师，不容易，你不要错过机会。"

岳飞毅然回答说："周老师文武全才，侄儿心中仰慕很久了。不过侄儿觉着有志者事竟成，只要肯下苦功，终有学成之日。倘若周老师因为没有按照他所指定的日子前去，不肯收归门下，侄儿也决不敢失信于知己！"

李正华笑着说："你小小年纪，居然有这样的志气，我也不再勉强，只是改期的话，不大好说，暂时作罢，将来再打主意好了。"

岳飞听李正华口气，以后再想拜师，决非容易。岳飞心想，周老师虽然本领高强，如果气量这样狭小，也就不能算是一位真正高明的人了。

接着，岳飞和李氏父女谈了谈别后所读的书，便离开了。到家之后，想起周侗的本领，又舍不得，但又不能辜负了老者。

岳飞心里很乱，拿着书也读不下去。可是他怎么想都觉得不应该失信于人，便决计先去赴约，学箭之后，看事而行。作出这样的决定后，岳飞才入睡。

持之以恒练眼力

这一天，在王家庄私塾内，周侗走上讲台，下面3张课桌上分别坐着王贵、张宪、汤怀3个学生。

周侗说："王贵上书。"

王贵调皮地说："学生没有书，只有这个。"说着冷不防从袖管里抽出一根铁尺朝周侗头上扔去。

周侗眼见铁尺呼的一下朝自己面门飞来，竟不躲闪，一口将其咬住。然后拿在手中缓缓走下讲台来到王贵的课桌旁。

这时，王贵已经目瞪口呆，被周侗一手提起放在课桌上，就用铁尺在王贵的屁股上重重打了七八下，王贵痛得大声讨饶："老师别打了，学生再也不敢了！"

周侗严厉地说："好，这次饶了你，下次再敢无礼，为师定将重责不饶，你们全都给我记住了！"

3个孩子面面相觑，异口同声回答："弟子谨遵老师教诲。"

在另一间简易的茅草房里，姚氏坐在一张桌子前，对面立着男孩，他就是岳飞。桌子上铺满一层黄沙，岳飞正用一根树枝在黄沙上写字。

姚氏双手做着针线活，嘴里在教岳飞习字。

姚氏亲切地说："飞儿，昨天娘教你的'君子爱财，取之有道'会写了吗？"

岳飞回答说："娘，孩儿会写了，孩儿还会写'精忠报国'4个字呢。"说着用树枝在黄沙上歪歪斜斜写了"精忠报国"4个字。

岳母看罢惊奇地问："娘没教你，你怎么会写的呢？"

岳飞说："娘，是孩儿昨天下午砍柴回来在私塾窗外看周老师写的，孩儿就学会了。"

姚氏说："好好，孩子，自从你爹被洪水冲走，剩下我们孤儿寡母寄人篱下，也只得委屈你了。"

岳飞说："娘，您别难过，待孩儿长大了就什么都不怕了！"

姚氏不住点头，脸上露出欣慰的微笑。

这天是大晴天，在私塾内，下午热辣辣的阳光从窗户斜照在正在讲课的周侗身上。

这天，岳飞照旧到七里沟旁山坡之上，对着初升起来的太阳，苦练目力。当时，天没有亮，疏星残月点缀着大片天空，只东方天边微微现出一点红影。跟着，日轮渐渐冒出地面，朝霞散绮，十分好看。

这正是夏天空气最清新也最凉爽的时候。岳飞照例蹲着一个骑马式，面对朝阳，默数那随风转动的竹圈。开头阳光一点也不刺眼，不消片刻，那轮红日由地平线上渐渐升起，放射出万丈光芒，映得东半天都成了红色。

岳飞已经看习惯了，不觉得刺眼，那三个竹圈他也早数过了三百。数到后来，那伏天的太阳仿佛亿万银针一样，斜射过来，光芒耀眼，强烈至极。

岳飞经过多日苦练，有了经验，知道练时不能勉强，稍微觉得眼睛有些刺痛，便避免和太阳直对，或是合上眼睛过一会儿再数。岳飞无意中把头一偏，先瞥见相隔不远的地面上，现出两个又长又大的人影，正往自己身前移动。抬头一看，由东面野地里走来两人，相隔还有十来丈。

因为那两个人是背着阳光走来。太阳又刚升起不久，人还没有到，人影已先投到了地上。岳飞首先认出其中一人是李正华，另一人也似见过。他揉了揉眼，定睛一看，不禁大喜，原来另一人竟是那天射雁时所遇的老者。

岳飞连忙站起，等到要迎上前去时。忽然又瞥见左侧人影一闪，一个身穿黄葛布裨的少年已由旁边崖坡上纵落，向来人飞驰过来，又是一个常见的熟人，随后岳飞听李正华高呼："贤侄快来！"

等到岳飞走近，刚刚行礼，还没有开口，李正华先说："这位就是你朝夕盼望想要拜师的周侗老先生！"

岳飞这一惊喜真非同小可，忙即跪倒，口称"老师"。

周侗一手拉起，连说"孺子可教"，随即令少年和岳飞相见。岳飞早认出那是周侗之子周义。连忙行礼，叫了声"师兄"！

周义笑着说："师弟真肯吃苦，我奉家父之命，见了你面，故意不理，前后一年多了，真怪不过意的，你千万不要见怪。"

岳飞已然明白，非但周侗父子有意磨炼他的志气，最近半年，连李正华也都参与在内。心中欢喜，感激不尽！急切间不知如何回答是好。

周侗对周义说："有话到家再谈，你那些师弟们还都等着跟他见面呢！"

说罢，老少四人一同转身，顺崖坡绕过柳林，往周家走去。岳飞与周义跟在二老后面，没有走几步，岳飞忽然觉得周义暗中拉了自己一下，岳飞停步，想问何事。

周义低声说："岳师弟，我真的很佩服你。当你风雨无阻，连大雪寒天，也必去我家门外听读书的时候，我们真恨不能把你当时接了进去。因家父说，一个能成大事业的人，必先苦其心志，劳其筋骨，再多受一些折磨苦难，才能有望，这才迟了多半年。"

"他老人家看似中年，实则年已65岁了，所收徒弟并不多，像你这样暗中考查最久才收的还是头一个。莫以为他老人家心肠狠，对一个未成年的幼童全无怜惜；若非格外看重，想把平生所学，连文带武和他所知道的山川险要、关河形势，一齐传授给你，他也不会这样了。"

周义又慢慢地讲起了事情的原委："去年腊月底，我和杨再兴师兄柳林比枪，回去不多一会儿，家父便回了家。我们再三代你求说，家父知道你家贫苦，已打算和你见面，就便送些银米。"

"李四叔恰在此时来访，二位老人家一商量，又改了主意。先由李四叔教你读书，随时考查你为人心性，等家父试验出你的恒心毅力，然后收你到门下来。"

"我每天清早，也去那边崖上练功，不过练的方法不同，藏处你看不见罢了。你练得怎么样，我虽看不出来，只见你从来没有丝毫懈怠。有时看出你眼睛疼得厉害，又不便在这时候见面，心中真替你着急。回去又向家父说了。"

"他老人家第二天一早便赶了来，一直看到你练完才走。我见他脸上神气很高兴，知道无妨，才放了心。"

"家父教射箭，单是目力就要练习一年。这100天只是头段，你居然忍受劳苦，不怕艰难，人还没有进门，就这短短不到100天的工夫，先把那百步穿杨的目力练好，真叫人佩服极了。"

岳飞见周侗父子对他那样热情，非常感激。老少4人还没有走到周家门口，众学生已迎了出来。

周侗把手一挥，陪着李正华先走进去。到了书房，李正华先请周侗坐好，命岳飞正式行礼拜师，并与众同门相见。这样，岳飞历经磨难，终于成为了周侗门下的弟子。

第二天，周侗来到岳飞家的茅屋内，在铺满黄沙的桌子边坐下，他对面坐着的是姚氏，姚氏身后站着岳飞。

姚氏给周侗讲起了岳飞小时候遇到洪水大难不死的事情。

周侗说："老院君，听你刚才一席话，这孩子大难不死必有后福，况且老夫看此子骨清眉秀、聪颖非凡，又如此好学，将来必是国家栋梁。老夫虽不才，却也粗知文章武学，想收他为义子，也好悉心授他文治武功，将来便可一举成名，不知老院君意下如何？"

姚氏感到很欣喜，但她有自己的顾虑，便说："周老师好意，妇人岂有不知，但是我岳门只留此一脉，妾身受丈夫临死重托，抚养他长大成人接替香火。关于义子的事情，还望老师休怪。"

周侗说："老院君误会了，收岳飞为义子这件事情是想教他武艺，权作父子相称。这样一来，叫他随老夫学艺，一切费用皆在老夫身上，二来老夫百年之后也可得他料理后事。并无其他侈望，还请老院君三思。"

姚氏豁然开朗，说："既如此，妾身先代亡夫谢谢了。飞儿快过来拜谢你义父吧！"

这时，岳飞从母亲身后走出跪倒在周侗面前说："义父在上，孩儿拜谢了！"

周侗捋着胡须大笑道："哈哈！老夫有望了！"

师从周侗，勤勉用功

这一天，岳飞正式进入周家学馆，学馆为此举行了入门仪式。岳飞见案上点好了香烛，另外还有送给老师的束修礼物，他知道这是应有的礼节，一切已由李正华代为备办。想起李正华去年雪中送炭，始终爱护自己，岳飞不禁感动得流下泪来。

岳飞刚恭恭敬敬向着师位行礼，又拜了李正华和同门师兄，门外忽然响起了一大串鞭炮声，吵得人连话也听不出。

周侗刚把眉头一皱，便有人走了进来，正是本村富户王明王员外。后面还有两名长工，抬着酒席和4大坛美酒。

王明人还没有走进门，先就拱手笑着说："昨晚小儿王贵回家，说起老师收了一位高徒，我连夜备办了几样粗菜和4坛水酒，前来道喜。幸亏家中有现成的东西，否则，凭咱们老弟兄的交情，失了礼就不好了。"

周侗淡淡地回答说："收一个门人不算什么，连李四弟办的这些过节，我都觉得多余。他真心求学，我愿意教他，这是咱们师徒两人的事，将来是否成材，还要看他自己。绝没有收人礼物的道理。你没有必要费心了！"

王明笑说:"这不算是送礼。我们弟兄好久没有在一块儿聚了,你这位高足又是李四弟的世侄,就这机会,咱们喝几杯。因为天气热,特意备了8个凉菜、一些鲜果。底下只有6个炒菜、5个大碗,末了是绿豆水饺和馒头,凉面、米饭随便用。我实在看你收了一个好高徒,心里喜欢,你好意思给我退回去吗?"

王明转过脸来,又对李正华说:"四弟,你也帮我劝一劝,算是我请你,周老师作陪,还不行吗?"

李正华见周侗没再开口,便笑着答:"借这个机会,畅饮几杯,让老弟兄聚会聚会也好。"

王明随即问:"是不是就着早凉,到后院凉棚底下,先喝起来?"

周侗才回答:"可以吧!"

岳飞方觉周侗一直都是那么和蔼可亲,对人诚恳,此时正在高兴头上,不知怎会现出厌烦神气?忽然听到李正华要自己向王明拜见,便恭恭敬敬喊了声"王员外",上前行礼。

王明一手把岳飞拉起,满面春风地说:"老世侄!你真乖。听说老师对你十分看重,还要把所有本事都传给你呢!你那师兄王贵,虽肯用功,心眼却没有你多!以后一起同学,将来出去求取功名,你要多照应他,才显得弟兄们的义气。"

岳飞到了后面一看,后院地势宽大,三面房舍,陈设整齐,比起外面那间书房要好得多。西北角土坡上,还有一座凉亭,可以望远。岳飞心想:"老师家中人口不多,这些房多一半空在那里,为什么单在临门一间教读?"

岳飞心中不解。王明已在让坐,一面唤岳飞过去。院中共陈列着两桌开席。上首一桌,坐的是周老师、李正华、周义。岳飞和王明、王贵父子坐下首一桌,另外还有杨再兴、徐庆、霍锐、汤怀、张宪等师兄弟。

岳飞正想那天看杨再兴和周义比武的情景，周侗忽然命周义到下手一桌，把杨再兴唤过来，随即对岳飞说："这是我的世侄，去年冬天由我的故乡关中寻访到这里，在我这里住了半年。他家传一套六合枪很好，你就这几天跟他学学。他快走了。"

岳飞刚起立恭答了一个"是"字，杨再兴已起立恭敬地说："侄儿大后日就要起身，所学枪法，火候太差，恐怕来不及了。最好和二弟同教岳师弟，老世叔从旁指点吧！"

周侗笑着说："你当这娃是门外汉么？他在你未来以前，早从你世弟他们那里偷学了去。只你家传的'乱点桃花'、'惊龙回首'的绝招不曾见过罢了。"

杨再兴诺诺称是。

王明不住地向周侗和李正华二人敬酒敬菜，对岳飞和杨再兴二人也十分殷勤，不一会儿，王明便命王贵敬酒。

周侗说："我们还是自斟自饮，多少随意，比较爽快，你父子这一客套，我和四弟还不怎的，他们就吃不舒服了。"

王明知道周侗不喜欢俗礼，才停了礼让。王明又叫岳飞称他世伯，不许再称员外。这一顿酒饭十分丰盛，一直吃到中午才罢。长工们又送上许多瓜果。

李正华想让小弟兄们免去拘束，畅畅快快谈一会儿，便把王明、周侗拉到上房谈天去了。

3个大人一走，周义忙说："这时候太阳当顶，凉棚底下还是有些烤人。我们快到房后凉亭里去，可以随便说笑，又凉快。"说完，周义领头先走。

凉亭在一座二亩方圆的土山上，离地只有三四丈，周围好些大树，亭内外设有竹制桌椅。小弟兄们坐在那里有说有笑，非常亲热。

岳飞见当地高柳鸣蝉，清风拂袖，大片浓荫被风一吹，宛如满地碧云，往来流走。刚才的暑气，在不知不觉中都消退了。岳飞笑着说："这凉亭几时盖的，小弟常在门外走动，竟没有看出来。"

杨再兴接口笑说："这凉亭地势真好，由这里外望，哪一面都可以看出老远。由外望内，全被树和房子挡住，不要说远望，就到院子里头也看不出来。你平日只站门外头，自然就看不见了。"

岳飞对杨再兴本来就有好感，又知双方只有三日之聚，少时还要向人家学那六合枪，由不得比较亲热一些。

王贵、汤怀、张宪3人因在周侗门下已经很久了，虽然多少还带着一点富家子弟的习气，对于岳飞却都看重，谈得很投机。

周义聪明机警，文武两门都是家学渊源。因周侗不轻易到柳林中去，有时指点武功要诀，都把学生们喊到里面去传授。平日读书习武，多由周义带头用功，小弟兄们都信服他。众人畅谈了一阵，不觉太阳已经偏西。

周义说："客人此时已走了，今天是练武的日子，家父还要岳师弟练一回六合枪给大家看呢！"

王贵笑着："岳师弟刚头天拜师，还没有得到传授，只在林外偷看了几个月，这能行吗？"

周义早看出王贵有些妒意，微笑着回答说："家父向来没有看错过人，我也不知道他的枪法学会没有，到时再看吧！听说还要叫杨大哥和他比对手呢！"

王贵没有再开口。众人同到柳林一看，周侗、李正华已经先到了，上来便叫岳飞把平日所记的枪法先练一回。

岳飞自知无师之学，以前连枪法名称都不知道，还有点发慌，脸上一红。

周侗笑着说："你不要怕，我和山后杨家枪法同一门路，你在背后练时，我暗中看过，你非但把看到的全学了去，还加了一些变化，杨贤侄幼承家学，也许比你强些；周义别的还好，六合枪没用过功，就未必是你的对手了。"随令周义、杨再兴分别和岳飞先对上一趟枪。

杨再兴让周义和岳飞先比，周义不肯，笑着说："照我爹爹那样说法，非但我不是岳师弟的对手，就是大哥你也得留点神呢！比别的，我还将就奉陪，这套六合枪，我实在太差，还是大哥和岳师弟对比的好，别叫我献丑了。"

杨再兴还没有回答，便听到周侗说："二娃子今天居然也有自知之明，知难而退了。"

杨再兴和周义世交弟兄，感情最好，闻言有些不服，便说："我先献丑也好。"随手取过两支没有锋尖的枪，递了一支给岳飞。同到周、李二老面前，打了一拱，又朝岳飞说了一声"请"，便往场中心走去。

岳飞刚才已听说杨家六合枪的威力，认定自己不是杨再兴的对手，但又不敢违抗师命，只得走向对面，躬身笑着说："小弟实在没有师长教过，又从来没和人对过手，还望杨大哥多多指教，手下留情，若能把这套枪法学会，感谢不尽。"

杨再兴见他谦恭和气，彬彬有礼，回答说："兄弟放心，你只管施展，我不会伤你的。"

岳飞连声称谢，先在相隔 10 步之外，双手持枪齐眉，微微一举，往横里走动了两步。

杨再兴见岳飞目不转睛，望着自己，迟迟不进攻，神情又不像是十分紧张，连催动手，均答"不敢"。旁边的周侗正和李正华指点岳飞说笑，好像在称赞他，全不理会自己，心中又添了两分不快。

杨再兴见岳飞右手紧握枪把，左手虚拢着枪杆，枪尖微微下垂，望着自己，往来走动，好像不敢出手。

杨再兴暗自想："这小孩虽不会是我的对手，看他脚底这样轻快，身法竟比王贵还稳，莫怪周世叔看重，我先逗他一逗试试。"

于是，杨再兴笑着说："兄弟这样谦虚，愚兄只得占先了。"说罢，连上两步，一个"凤凰三点头"，化为"长蛇出洞"的解数，朝岳飞一枪当胸刺去。

杨再兴这一枪，本是虚实兼用的招式，先还打算手下留情，虚点一下，然后看事行事，等比过一阵再行施展，稍微占点上风就停。不料事情出人意料，见枪尖离岳飞左肩不过三四尺光景，转眼就非刺中不可；本心不愿伤他，还未来得及把势子收住。就这心念微微一动的瞬息之间，猛瞥见岳飞那双黑白分明的眼睛突闪精光，仿佛具有一种威力，自己连人带枪，已在人家目光笼罩之下。

杨再兴想起周侗平日所说，忙想收势，一团箩圈大的枪花已迎面飞来！杨再兴暗叫一声"不好"，只觉手中一震，啪的一声，手中枪已被岳飞的枪掰碎了二尺来长一段，虎口震得生疼！

周侗说："这不算，你们两个重新再比。老二快给他们换枪！"

周义忙取了两支枪，分给岳飞和杨再兴二人。岳飞先没有留意，正觉着原枪长短称手，经周义一指，才知再兴的枪虽被绞碎，自己手中枪尽头处也快折断。忙将新枪接过，悄悄问："我没想到把枪绞断，杨大哥会怪我么？"

周义回答说："哪有这样的道理？"

周侗把杨再兴喊到面前说："你二人力量差不多，枪法还是你的熟练。不过岳飞应战沉着，目光敏锐。你被他全神罩住，又不该轻看人家年幼，才吃了亏。这回再比，你却不能大意呢！"

杨再兴连声应诺。见岳飞红着张脸，有些不好意思，忙说："我们兄弟时常比试，谁胜谁败，都没关系。我没想到你的手劲会那么大。这回再比，恐怕我还是要输呢！"

　　岳飞忙说："小弟如何能比大哥？"话未说完，杨再兴已纵向对面，横枪相待，连说了两个"请"字。

　　岳飞刚把手一拱，杨再兴已举枪刺来，岳飞只得一举手中枪，迎上前去。这两人一个是家传本领，人又好胜，先前一念轻敌，吃了一点亏，觉着丢人，一心想要挽回颜面；一个是聪明刻苦，肯下工夫，尽管无师之学，一招一式都从平日细心体会苦练而来，又认定不是杨再兴对手，步步留心，枪无虚发，因此占了便宜。

　　第二次上场，杨再兴自信心还很盛，后来见岳飞虽是守多攻少，但是变化无数，应付自如。岳飞所学的明明是周侗传授，偏又多了许多意想不到的解数，上下进退，使人莫测。

　　杨再兴心里一紧，便把全身本领尽量施展。二人打了一个难解难分，连周侗也在旁夸起好来。

　　双方打了半个多时辰。杨再兴见岳飞越来越勇，自己用尽心力，想占一点上风，竟办不到。一时情急，虚晃一枪，倏地回身，双足一点，往斜刺里飞纵出去。本意这回马枪是家传杀手，敌人只一近身，便非吃大亏不可。哪知，杨再兴人刚纵起，便听脑后风生！斜阳返照中，一条人影已跟着纵过来了，他刚暗道一个"好"字，待要回枪刺去，说时迟，那时快！杨再兴刚将手中枪连身侧转，岳飞的枪已到了身后，枪头往下一盖，哒的一声，杨再兴枪头首先着地。如是真正临敌，敌人就势再来一枪，非受伤不可。

　　杨再兴知道胜败已分，只得红着一张脸，笑着说："我真输了。"

　　岳飞也红着一张脸说："大哥让我。"

　　杨再兴走到周侗和李正华面前，喊了一声"世叔"。周侗面色微微一沉，说："你的枪法应该比他好，为什么会输呢？"

杨再兴不敢回答。

周侗随即向众人说："按再兴枪法，差一点的人决非他的对手，只是他求胜心切，气浮了些。岳飞六合枪法虽没有学全，但他心灵手快，又能采用别的兵器之长，加以变化。最可喜的是始终气定神闲，目力敏锐，先占了不少便宜。这都是他平日勤敏用功，不怕苦，肯用心思而来。刚一拜门，我便叫他当众比试，就为的是教大家看看，天下无难事，只怕有心人！多用一分心力，便有一分的收成。无论何事，千万自恃不得。轻视旁人和粗心大意，都非给自己找麻烦不可。"

周侗见岳飞恭敬地站在旁边，专心听话，小小年纪，两次打败杨再兴，非但没有丝毫骄矜的表情，反倒带有警惕神气。

周侗又微笑着对杨再兴说："胜败常事，何况自家弟兄。你还是和他再比一回，然后传授，彼此都有长进。"

杨再兴不敢违抗，只得笑着对岳飞说："我再陪兄弟走一回。"

岳飞忙说："小弟遵命。"

两人这次对手，与前面两次不同，这次双方都怀着戒慎心理，并肩走到场中。各把手一拱，拉了个门户，然后再说一声"请"，便动起手来。表面上仿佛比头两次快，也没有那些客套，实际上杨再兴是听了周侗的话，已知道了自己的短处，比平日对敌留心得多。

岳飞也是加倍谨慎，一丝不乱。双方越打越快，打到急处，成了两团枪花裹着两条人影，在场中上下纵横，往来飞舞，真是紧张到了极点。

到了最后，岳飞见杨再兴刚让过自己一枪，倏地一个"鹞子翻身"，迎头就是一枪杆，仿佛有点手忙脚乱的神气。因已连胜两阵，不愿再占上风，又不愿意故意假败，连忙横枪一架。没想到杨再兴见他防御周密，难以进攻，故意把枪用力抢下。等岳飞一架，就势倒转枪柄，往上一挑，那手法十分敏捷。

岳飞万万没有料到杨再兴有这一手，百忙中觉得自己的枪微微往下一虚，知道劲已被人卸去。岳飞往后纵退，双足还没有沾地，一股极大的猛力已贴着自己枪杆，往上一挑！跟着连人飞起，甩出去丈许高远，只听嗖的一声，一条人影突然从身后飞来，那个人轻轻地将岳飞抱住。

岳飞回头一看，正是杨再兴，便笑着说："多谢大哥!"

杨再兴见岳飞满面笑容，神态天真，由不得心生喜爱，忙问："你受惊了吧?"

岳飞说："没有"。

周侗问岳飞："为什么不撒手丢枪，反而被枪带起?"

岳飞回答说："一来杨大哥来势太快，倘若冒失松手，稍微撑不住劲，便要翻倒。二来兵器乃是防身之物，不敢随便脱手。想借他那一点劲，把弟子带将出去，倒地再说。没想到杨大哥身法那样神速。要是真个对敌，弟子就凶多吉少了。"

周侗将头微点，便命岳飞和杨再兴二人暂停，吩咐周义、徐庆带头练习弓箭和骑术。

杨再兴走后，岳飞先是早来晚去，和众同学一齐读书习武。到了中秋节后，周侗又命岳飞搬到周家居住，传授他的兵法战阵之学。岳飞天资颖悟，一点就透，周侗对他十分喜爱，可是稍微有点错处，也决不肯宽待。

岳飞对于周侗，自是又尊敬，又感激，师徒二人亲如父子。

周侗平日深居简出，和众学生家长极少来往。偶尔访问李正华都在夜间。可是每隔三数月，周侗必定要出门一次，一去总是一两个月，回时面上常带忧容，仿佛心思很沉重。

周侗常说："国家正当多事之秋，不久兵祸一起，河北首当其冲，河南也难幸免。你们必须趁此时光，努力用功，学成本领以为国用。若是畏难苟安，使大好光阴平白度过，到时后悔就来不及了。"

周侗以前教学，本来文武并重，学馆中也极少外客登门。由岳飞到后第三年起，诗文辞章之学，渐渐不再谈问，对于关河险要和行军布阵之法，却是再三讲解，力求详尽。

骑射习武，也比以前格外看重。周侗在考问时，遇能自出新意、发明心得的学生，定必十分高兴。

岳飞从这些情况看出了一些问题，他知道国家正处在一场生死存亡的关头，自己一定要苦练武艺，将来好保家卫国。

灯下沉思，忧国忧民

岳飞的毅力和才华感动了周侗，周侗收下岳飞为徒，并让岳飞做了自己的义子。之后，岳飞和王贵、张宪、汤怀等人一起师从周侗。

一天，在王员外家的私人学堂里，周侗从自己的书案上拿着一本书站起来说："从今天起，你们白天习武，晚上习文，我会把我的毕生所学——传授给你们。"

白天，院子里烈日当空，四个徒弟都直挺挺地站着，他们浑身上下，都在流汗。

"现在注意，"周侗气势昂扬地走过来，用他洪钟般的声音说："练武之人，意念必须集中。有些动作，看似简单，但功力的深浅，便决定功夫的高低，所以各项要领，你们务必注意。现在扎马，出拳！"

"嗨！"徒弟们高声喊着，腿一迈，跨出弓箭步，击出了他们的拳头。

在学习中，四个徒弟慢慢长大。

这一天，岳飞正在西瓜地里劳作，他直起腰来，抬起手臂，用衣袖揩了揩额上的汗珠。

"飞儿,"姚氏站在地头的柳树下喊:"太阳这么大,你也歇会儿。茶来了,快来喝口茶。"姚氏一面说一面把手中的瓦罐放下。

岳飞在柳荫下捧着碗,大口大口地喝着茶。

"慢点,飞儿,"姚氏望着儿子心疼地说:"慢点喝,这儿还多着呢!"

这时,远处传来一阵急促的马蹄声,急骤的马蹄声放缓了下来。岳飞回头望去,一个挎着腰刀,小校模样的军官正从马上跳下来。那军官一面擦汗,一面去柳树下拴了马。

"小兄弟,在下想讨碗茶喝。"那小校一边说,一边朝岳飞走过来。

岳飞拿起碗,给他满满地倒了一碗茶。

小校接过茶,咕隆咕隆地喝了下去。

"敢问将爷从哪儿来?"岳飞淡淡地问。

"兄弟实在别问了。"那小校叹息着,不住地摇着头。

看着那小校的神色,岳飞担心地问:"怎么啦?难道朝廷在军事上有什么失利吗?"

"一言难尽哪!"小校说:"小兄弟也许知道,燕云 16 州,自从被石敬瑭割给契丹,怕是快 200 年了。兄弟是个种地的,我也不怕给你饶舌。当今圣上决计收复沉陷多年的 16 州,与金国签订'海上盟约',共同伐辽。"

"后来方腊在两浙叛乱,圣上派主持盟约的童枢密前去镇压。他听说辽国已经知道宋金盟约之事,怕辽人乘机报复,竟深悔前约,当金国派人来催促朝廷出兵时,朝廷竟有意拖延,直到八月,才向金国草草回了封国书,以致女真人心怀怨懑。"

岳飞说:"国家大事,怎么可以这样草率。"

小校说："如果说草率，还有更草率的呢！去年正月，金人攻克了辽的中京大定府，辽国天祚帝狼狈而逃，辽国留守燕京的耶律淳自立为帝，辽分裂败亡已成定局。"

"圣上考虑若再不出兵，燕京势必再陷金人之手，便派童枢密和种经略带兵攻燕，没想到二人误以为辽人大势已去，王师一到必降，根本不作战斗准备，结果遭到辽兵袭击，竟被打得大败而逃。"

岳飞叹道："听说种经略也算是一代名将，怎么会如此糊涂？"

小校说："糊涂？糊涂的事多着呢！去年十月，金人攻入大同，天祚帝逃进了沙漠，燕京的耶律淳也病死了。辽国涿州的守将郭药师和易州的军队乘机内附，这事本来对朝廷十分有利，谁知统兵的刘延庆指挥的部队毫无进展。"

"亏郭药师率小部袭击，攻入了燕京，而刘延庆的部队竟跟不上去，没有援兵，郭药师率部巷战后只好退出燕京。刘延庆看到卢沟桥北岸的火光，认为是辽人来攻，竟烧了自己的营寨，争先逃命，军器辎重，丢失无数。"

岳飞听罢，说："怎么会是这样，难道整个大宋，就连一个将才也没有吗？"

小校说："那倒未必，只是有能之人，当权者不信任，他们相信的，又全是无能之辈。"

当天晚上，岳飞在灯下陷入了沉思，在一旁做女红的姚氏抬起头来，望着儿子问："你在想什么？"

岳飞说："我在想那位小校的话，为什么皇上会那么昏庸。"

姚氏说："儿啊！你还小，还年轻，要想今后能报效国家，现在就要多学点本事，娘不希图你的荣华富贵，但娘希望你将来能功成名就。"

岳飞点了点头，从那时起，岳飞就萌发了远大的志向。

高超箭术镇群匪

在宋朝，下层学子主要是靠科举考试来挤入上层社会，改变社会地位，像汉、唐人那样通过从军远征来建功立业几乎是不可能的。

从赵匡胤陈桥兵变以来，朝廷就一直奉行重文轻武的政策，军人不被重视，士卒被称作"赤佬"，为防止他们逃跑，他们的脸上要被刺上字，就像是受了黥刑的囚犯一样。人们都害怕从军，逃之唯恐不及。

岳飞在师父周侗的精心指导下，武艺突飞猛进，可以拉开150公斤的硬弓，在奔驰跳跃的马背上左右开射，百发百中。

周侗还教岳飞研读《孙子兵法》，以及《左传》等古代历史书籍中所记载的战例。他常常教导岳飞道："用兵打仗不只是靠勇敢、拼死力，那是匹夫之勇，不值得称道。更重要的是要靠智取。如果运用得当，就能以少胜众，以弱胜强！"

学艺期间，周老先生还领着岳飞游山观景，欣赏祖国的大好河山。从此，在岳飞幼小的心灵里，便播下了热爱祖国的种子。

有一年，县里举行比武考试，周老先生听说后便领着年仅16岁的岳飞到县里应试。

岳飞年轻英俊，武艺精湛。射箭时，百步穿杨，箭箭命中，赢得了应试的武童和看热闹的百姓的齐声喝彩，纷纷拍手称绝。经过县考，岳飞名列前茅，心里非常高兴。

考场归来，年近80岁的周侗得了重病，不久便离世了。岳飞悲伤至极，不禁放声痛哭。从此，岳飞每逢初一和十五，都要到周侗墓前祭拜，并在这里打一趟拳或练一趟棍，以示对恩师的怀念。

当时，相州安阳县有一个世代富贵的大户家韩府。早先韩琦历任宋仁宗、宋英宗和宋神宗三朝宰相。他的长子韩忠彦又在宋徽宗初年任宰相。韩家既是皇亲，又有许多贵戚。在宋朝的上层，几乎处处渗透着这个豪门大族的势力。

宋时律法有"官守乡邦"的禁令，就是本地人不准在本地做官。但是，为显示宋朝的特别恩宠，韩琦和长孙韩治、长曾孙韩肖胄都先后担任相州的知州。

为炫耀衣锦荣归，韩琦在安阳县筑昼锦堂，韩治筑荣归堂，韩肖胄又筑荣事堂。韩肖胄在1119年，接替了他的父亲韩治，继任相州知州。

韩肖胄当时40多岁，在他的4年任期内，岳飞作为一个不足20岁的青年，自汤阴县来到毗邻的安阳县，当了韩府的佃客。

宋朝佃农的地位低贱，法律甚至明文规定："佃客犯主，加凡人一等。"而地主杀害佃农，可以不必偿命，所以有的"富人敢于专杀"，甚至视佃农的性命如草芥。

岳飞因无田地生活困苦，不得已辞别母亲到安阳租种韩府的田地，当了佃农。

岳飞和其他佃农一样，虽勤劳至极，但生计看来仍相当艰窘。有一天，岳飞去韩府借粮食，恰逢张超率几百名盗匪包围了这座韩府。

"这帮天杀的贼寇，竟然胆大包天，抢劫到本官的家里来了。"韩肖胄气愤至极。"庄子突然被包围，连个送信搬救兵的都出不去，难道是天绝我韩家，天绝我韩肖胄？"韩肖胄心里想着，"该怎么办？"

"宣胄，庄丁们都已派出去保卫庄子了吗？"六神无主的家主突然大声召唤着本庄管家。

属韩氏一族旁系远亲，年约20许的韩宣胄连忙恭谨回道："启禀家主，庄丁们早已经各尽其责，严阵以待，只是……"

"说话怎么吞吞吐吐的，只是什么？"

"只是那凶名昭著的张超本身武技强横，今次又来势汹汹，恐怕这些普通庄丁难以抵御呀！"

"那也得顶住，告诉庄丁们，庄破就是玉石俱焚的结局，不管死伤多少，一定要给我顶住。"

就在这时，副管家韩福急匆匆地由外面小跑进来，由于韩家平时等级森严，因此韩福先是略微停顿整理了一下衣衫，这才轻声禀报道："启禀家主，韩福求见。"

获准进入客厅，韩福掩饰不住满脸喜色地言道："恭喜家主，贺喜家主！"

韩肖胄沉声说："都到这当口了，还能有什么喜事？快报来。"

"是，家主。那个匪首张超，以及他那几个心腹手下，方才已经被一个叫作岳飞的佃户给射死啦！其余那些匪众群龙无首，魂飞魄散之下现在也都一哄而散了！"

"什么？此事当真？"

"不敢欺瞒家主，此事千真万确。"

手捻须髯的韩肖胄不禁仰天长笑，继而又喃喃低语道："想不到一个泥腿子竟然还有如此高超的箭术，真是天佑我韩家。"

原来，岳飞见到韩府被强盗围住，便凭借自己的高超武艺，攀登上墙垣，引弓一发，利箭直贯张超的咽喉，张超当场毙命。几百名盗匪群龙无首，立刻溃散而去。

在养尊处优的韩家子弟眼里，本来绝无一个普通的青年佃客的位置。这次意外的突发事件，使他们都认识了岳飞。

岳飞解救了主人的危困，但韩府似乎也并没有对他另眼相看，更没有厚待岳飞。岳飞受尽煎熬，眼看困顿的生活无边无涯，他寄身异乡、益发思念母亲。最后，他不得不下定决心，离开安阳，返回汤阴。

应募投军，为民除害

宋徽宗在位期间，过分追求奢侈生活，他重用蔡京、童贯、高俅、杨戬等奸臣主持朝政，大肆搜刮民财，穷奢极侈，荒淫无度。

当时，活跃在宋朝北方的女真族兴起于今黑龙江、松花江流域及长白山地区，唐朝时称黑水靺鞨，女真族以渔猎为生。

辽朝统治者长期向女真人索要珍珠等宝物。辽朝的兵马川流不息地穿过女真部落，鱼肉女真百姓，终于导致女真族反抗。

1115 年农历正月二十八，女真领袖完颜阿骨打称帝建国，国号大金。金国建国后，展开灭辽之战。

金太宗即位后，女真贵族最后灭辽朝，又立即准备发动侵宋战争。他们看穿了宋朝的虚弱本质，认为宋军是比辽更不中用的对手。

至于中原地区丰盛的物产，都市生活的繁华，统治者的无数金玉珍宝，更使女真贵族垂涎三尺。宋朝作为当时世界上经济和文化高度发展的农业社会，正面临着一场空前的劫难。

宋徽宗君臣眼看辽行将被新兴的金所吞灭，便采取联金灭辽的政策，企图收复后晋石敬瑭割让的燕、云等 16 州。

1122 年，宋朝两次集结时称战斗力最强的陕西军北伐。当时辽朝退守燕、云地区，居然将宋军打得一败涂地。最后，仍由金军攻占燕、云地区，宋朝只能出重金高价，才买回几座空城。

为了应付财政危机，以宋徽宗为首的朝廷对内大肆搜刮，向人民加派许多苛捐杂税。

岳飞从韩府返回家乡汤阴后，遭逢这种兵荒马乱的年景，生计更加艰窘。经全家再三商量，认为凭借岳飞的一身武艺，出外当兵，还算是一条谋生之路。

1122 年，岳飞正好 20 岁，已达成丁之年。年逾古稀的外祖父姚大翁很钟爱岳飞，他得知岳飞准备投军，便想方设法请来一位名枪手陈广，教授岳飞枪法。经过一段时间的刻苦训练，岳飞枪法精熟，汤阴全县并无对手。

当年秋天，真定府有一位文臣新知府上任，名叫刘韐。

按照当时重文轻武、以文制武的体制，真定知府兼任真定府路安抚使，统辖真定府、相州等六个州府的军务。前线第二次征辽的败报传来，刘韐感到惶恐，他担心辽军乘胜侵入，便临时招募了一批"敢战士"，岳飞也在应募者之列。

刘韐在检阅应募者时，他很快看中了队伍中的一个青年，这个青年头颅颇大，方脸大耳，眉宇开阔，眉毛较短，双目炯炯有神，身材中等偏高，极其壮实，生就一副雄赳赳的勇士气概。他便是岳飞。

刘韐问岳飞："你能使用哪种兵器？"

岳飞回答说："我能使用弓和弩，又能使用刀、枪、剑。"

刘韐又问："能挽多强的弓。"

岳飞回答："能挽 300 斤，用腰部开弩八石。"

按宋朝军制，"弓射一石五斗"，已算武艺超群，可选充"班直"，当皇帝的近卫。北宋武士挽弓的最高纪录也只有三石。可知岳飞的挽弓能力已至登峰造极的境地。

"武艺出自谁人指点？"刘韐接着问。

"箭术学于周侗，技击学于陈广。"

"可会写字作文章？"

"幼时在家曾读过几年村校，粗通文墨。"岳飞冷静地回答。

在接下来的谈话中，岳飞申述了自己誓死保卫乡土的决心，刘韐当即任命他为小队长。意气风发的岳飞满怀报国热情，他终于可以实现自己的抱负了。

岳飞虽然被招进了刘韐的敢战士队伍，但这离他操戈上战场的理想还有一段距离。

当时，相州有一股"剧贼"，其首领是陶俊和贾进，他们"攻剽县镇"，杀掠吏民，成了一方祸害。

岳飞请求为故乡除害，获准后，他让一部分士卒乔装改扮成商人，往土匪的营寨去"经商"。匪徒正四处抓丁，扩充队伍，以应付官军的围剿，见了这帮精壮的"商人"，自然求之不得，一个个抓将起来，强令入伙。

岳飞又命百名官兵事先埋伏在山下险要处，自己则亲领几十名骑兵至土匪营寨前叫战。匪众见岳飞人少，大开寨门，一涌而出，希望一举擒获。

岳飞稍稍招架了几个回合，假装寡不敌众，掉转马头就跑。匪众哪知底细，随后紧追。到了山下伏击圈内，只听得一声号令，伏兵四起，紧紧围上，岳飞也返身杀回，一场恶战，匪众死伤大半，余下的扔掉器械，纷纷投降。

潜入匪徒营寨的官兵乘着空虚，四处纵火，捣烂了匪窝。匪首陶俊和贾进惊慌失措，想骑马逃走，被绊马索绊倒，当场被俘。岳飞大获全胜，押着俘虏，载着战利品，凯旋而归。刘韐大喜，对岳飞的智勇大加赞赏。

不久，岳飞参加了宋金联合攻打辽占燕城的战斗。当时，辽在金的不断打击下，已奄奄一息，燕城守备空虚。宋军有十几万兵马，加上辽常胜将军郭药师率8000多兵马投降，在兵力方面占绝对的优势，攻取燕京本是唾手可得的事。

但是，北宋长期压制军队所造成的弊端，在这关键时候马上就表露了出来。将帅鲜勇寡谋，士卒纪律涣散，全无斗志，与辽军稍一接触，就溃不成军。

郭药师向宋大将刘延庆提议，应在辽援军没有赶来前袭取燕城。畏敌如虎的刘延庆左思右想后，同意了这个计划。

于是，郭药师率领6000精兵乘夜过芦沟，突袭燕城。岳飞率领自己的敢死队一马当先。城上守兵拼命往下放箭，掷石块和掀滚木。

岳飞英勇杀敌，硬是靠云梯攀上城墙，将守兵杀死，打开城门，宋军遂攻占了燕京外城，但刘延庆却遥相观望，拒不增援，致使辽援军赶到，与城内守军夹击宋军入城部队，使之几乎全军覆没，只有岳飞等少数官兵拼命杀开一条血路，弃城逃回。

金人通过这次战斗，看出了宋军的不堪一击，于是在1125年，灭辽之后，乘胜追击，兵分两路，向北宋大举进犯。

西路由宗弼率领，自云中直逼太原。遭到太原军民顽强抵抗，被牵制在那里不能南下与东路军会合。东路军由斡离不率领，在宋降将郭药师的引领下，长驱南下，直扑北宋首都开封。

宋朝内部一片混乱，史称"朝廷震惧，不复议战守，唯日谋避狄之计"，意思是说根本不考虑如何迎敌，一心只想逃跑，以避开金人的猛攻。

岳母刺字"精忠报国"

岳飞在敢死队中立了大功，接替韩肖胄的相州知州王靖向上司申报，保举岳飞为从九品的承信郎。

由于朝廷财政拮据，也把不属于正式编制的敢战士裁撤，王靖的保举状就成了一张废纸。

宋朝因商业繁荣，县以下有镇、市一类小工商业点。镇的地位高于市，市可升为镇，镇可升为县。

岳飞回家后当了游徼，游徼类似现在的巡警，因为工作沉闷，岳飞不免借酒浇愁。

有一回，岳飞竟然酗酒滋事。姚氏得知后，便严加训斥。岳飞本已懊悔，又一向孝顺老母，他郑重地向姚氏保证，从今不再喝酒。

岳飞决定再一次投军，而且下决心说不把金人赶出中原，誓不还乡。

可是，岳飞感到此去前途吉凶难测，而母亲年事已高，长子岳云年方7岁，而二子岳雷出生才只有几个月，老老小小指着他来养活，这个家庭需要他来顶门立户，兵火战乱之后，这个小小的家庭也是百废待举呀！他能这样一走了之吗？

岳飞心事沉重地来找母亲说："母亲大人，金人灭我国家，屠我父老，烧我家园，儿同他们不共戴天，儿想再次投军，杀敌报国，只是……"

　　"杀敌、杀敌，你先把俺们娘儿几个杀了吧！"还没等他说完，妻子刘氏把话抢了过去，"你也不想想，你一走，这地谁来种？庄稼谁来收？老的老，小的小，吃喝穿戴谁来管？你去当兵，吃皇粮，穿号衣，让我们娘儿们留在家里冻死、饿死呀？"

　　岳飞深深地叹了口气："夫人说得有理，可是岳飞不去投军，就只有留在家里做亡国奴，早晚不是被金人抓去，也是被金人杀死，与其那样死去，倒不如一刀一枪，死在战场上！"

　　刘氏讥讽道："连皇帝都救不了这个国家，你有多大本事？还不是白白送死！"

　　岳飞说："如果人人都这样想，那就只好听凭金人宰割了！"

　　这时，岳飞的母亲姚老夫人一挥手道："不用说了，飞儿说的是对的，没有国，哪来的家！你放心地去吧！家里的事有娘支应！"

　　岳飞一下子扑倒在这深明大义的老母亲膝下，哽咽着喊了一声："娘！"

　　母亲命令道："把你的上衣给我脱下！"

　　岳飞有些莫名其妙，但他还是顺从地脱掉了上衣，裸露出了他那结实的脊背。岳飞立即跪倒，伏下身来，以背朝天。

　　姚夫人捧来了笔墨。母亲深情地抚摸着岳飞那平坦的背部，然后在上面写了几个字。"精忠报国。"母亲拔下了头上的银簪，沿着那字迹刺了下去。

　　岳飞的心潮如大海般波涛汹涌。岳飞的母亲姚氏原来不过是个普通的农家老妇，没读过圣贤之书，没受过国家尺寸之恩，可当国家处于危亡关头，她表现出了多强的民族大义啊！

想到这里，岳飞激动得不禁浑身哆嗦起来。

忽然，母亲的手停住了，岳飞感到一滴滴灼热的水珠砸到他的背上，他知道那是母亲的泪水。

母亲声音颤抖着问："儿啊！扎得疼吗？"

岳飞答道："娘，不疼，你扎吧！"

那一针针，不只刺在岳飞的肌肤上，更刺在岳飞的心头上，成为他一生力量的源泉，行动的准则。就这样，岳飞背负着慈母的热望，告别了故乡，义无反顾地走上了抗金救国的疆场。

从宣和六年冬到宣和七年十月，这是金军南下前的沉寂期，岳飞和妻子刘巧住在平定军的广锐军营。军政的恶浊使他愤慨，军风的腐败也使他忧虑。

岳飞自幼听到不少有关三国时期关羽和张飞的民间故事，民间故事虽然夸张失实，却达到了"樵夫牧稚，咸所闻知"的地步。关羽和张飞成为岳飞十分崇拜的英雄偶像。

当时，战场上已经发生了风起云涌的变幻，而这些，岳飞看在眼里，忧在心里。

晓之以理，流寇归顺

1126 年，康王赵构奉朝廷之命，在相州设大元帅府，并派枢密副史刘浩在民间招募义勇兵，岳飞第二次参军。他以前剿匪及攻打燕京时的勇敢善战使赵构十分重视，立即命他去招讨流寇吉倩。

刘浩当即便命令岳飞说："咱们驻地西边的山寨里，住有一股游寇，头目叫吉倩，他们骚扰附近的百姓且不说，还经常拦截官军的粮草，偷盗兵营的军马，为害不浅。我拨给你骑步兵 200 名，你立即去将他们剿灭。"

当时在黄河北岸、太行山麓一带，流窜着一股股的武装人马，人们称之为"游寇"。

岳飞知道这些人，他们几乎全都是宋军士兵，由于战败溃逃，脱离了大军，既没处领粮，又不能返回故乡，成了散兵游勇，他们便结伙为伴，百十成群，有时公开拦路抢劫，有时明火执仗入户强取，成为滋扰地方的一害，给官军的行动也带来不少麻烦，是该肃清。

岳飞灵机一动，回答说："末将用不了那么多的人，只带三四个随从便足够了。"

刘浩觉得岳飞有点逞能，便说："强中自有强中手，打仗是性命攸关的事，可来不得半点儿戏。"

岳飞说："这个末将自然明白，不过末将以为，对他们根本用不着动刀动枪，他们本是朝廷的官兵，只因为兵败无依，没法生活，才干起这等营生，只要对他们示以朝廷的厚恩，晓以国家大义，他们必然会归顺朝廷的。"

刘浩点了点头，说："你的话有道理，能不打自然更好，不过这种人反复无常，也不可太相信他们。吉倩手下有四百多兵众，你只带三四个人肯定太少，拨给你的骑步兵你还是都带去，他一看朝廷的官军人多势众，没准归顺得会更快些。"

岳飞笑着说："其实人多反倒不妙，他一看大队人马，必定以为是来剿灭他们，他们能抗就抗，不能抗就逃，说不定咱们会白跑一趟，只要4个人便可以了。"

刘浩见岳飞说得那么有把握，便依了他。

吉倩的队伍驻扎在50多公里外的一个小山村，岳飞他们赶到那里时，天气已近傍晚，在村口望风的哨兵发现了他们，一声尖厉的口哨，立刻冲出数十名士兵，将他们团团包围起来，一个个拔刀露剑，张眉怒目。

岳飞神色自若地说："我叫岳飞，奉了武翼大夫刘浩将军之命，向你们的吉首领传个话儿，请问哪一位是吉首领？"

一个30多岁的人拨开众人，走上前来道："在下便是，你有什么话要讲？"

岳飞向他作揖施礼，然后说道："现在朝廷蒙难，百姓遭殃，正是有志男儿为国效力之时，眼下天下兵马大元帅康王正在相州招兵，我们刘将军知道吉首领和各位将士都是好汉，特派岳某来请众位归营。"

吉倩沉吟道："我们也是被迫无奈，不然谁愿干这伤天害理的勾当，只要朝廷肯收留，回去倒是一条正路，不过，这事我还得同弟兄们商量一下。”

岳飞说：“这是自然。”

正说着话，忽觉一丝凉风袭来，岳飞料到有人暗算，机敏地向旁边一闪身，一个大汉已经恶狠狠地扑到了他的跟前。

岳飞一把将他揪住，说：“好汉，有话好说，别伤了和气！”

那大汉骂道：“呸！休要花言巧语，看剑！”

说着一柄剑已直向岳飞刺来，岳飞并不闪躲，只一伸手，便托住了那大汉的手腕，顺势一扭，然后往前一推，说了声："去！"大汉便跟跟跄跄退去好几步以外，颓然倒下。

吉倩连忙上前道歉道：“岳将军休要见怪，我们这位兄弟脾气毛躁点！”接着，他大声问道：“兄弟们，岳将军的话大家都听到了，你们意下如何？”

兵众们纷纷叫道：“愿意归顺朝廷！”

吉倩说：“看来这是人心所向，大家回去收拾一下，明天一早出发！”然后，他对身旁一名士兵说了几句什么，那士兵点点头，匆匆去了。

吉倩对岳飞说：“请岳将军和这几位将士今晚就在小寨里委屈一夜，明天率我们去投刘将军吧！”

岳飞的一名随从扯了他的衣襟，悄声道：“还是现在就走吧！免得夜长梦多！”

岳飞没理睬他，反而对吉倩说：“我们兄弟这几匹马，请吉倩首领吩咐人给加点料吧！”说罢首先将缰绳递了过去。

这时，刚刚离开的那名士兵又回来了，说道：“晚宴已经摆好！”

吉倩说：“荒野山村，没什么好东西招待，只有些野味，给岳将军和几位将士接风！”

酒宴设在大山间一块不大的平坦场地上，天已经全黑了，场地中央燃起了一堆篝火，在晃动的火苗中，周围的群山、树丛越发显得模糊昏暗，深不可测。

岳飞他们只有 5 个人，而陪宴的倒有好几十人，岳飞的随从不免有些紧张，悄声提醒道："只怕这是一场鸿门宴，大哥小心！"

　　岳飞却不予理睬，坦然入席，酒过几巡之后，他解下随身佩带的宝剑，卸下了铠甲，笑道："穿戴这些玩意，饮酒太累赘！"

　　吉倩见状大声说："岳将军是大丈夫，没把我们兄弟当外人，咱们也都卸掉家伙！"

　　吉倩一带头作出表率，几十个人也都将刀剑丢弃一旁。这一顿酒宴吃得特别痛快，直至月落西山，繁星消逝才尽情而散。

　　第二天一大早，岳飞便率了吉倩的 380 名兵士回归大营。

　　岳飞由于立了这一功，被提升了从九品的承信郎。岳飞出手不凡，他的名声很快在军营中传了开来，不只刘浩对他另眼看待，连天下兵马大元帅赵构也知道了他，便指名让他率铁骑 3000 人，南下李固渡去查探敌军的布防。

　　与此同时，在战场上的形势对宋军越来越不利，太原府城自宣和七年被围以来，宋将王禀誓死固守，并且反对和制止了知府张孝纯的投降企图。金军猛攻不下，只能采取长围久困的战术，修筑一道城墙，围住了太原城。

　　靖康元年三月至五月，宋朝命抗金强将种师中和姚古分兵两路，前往救援；六月至八月，又命刘韐、解潜、折彦质、折可求和张灏分兵三路，再往救援。由于宋军兵力不集中，各部又互不协同，金军以逸待劳，予以各个击破。

　　壮烈的太原守卫战坚持了 250 多天，守城将士粮尽力竭，几十万居民大都饿死在城内，金军得以在九月攻陷府城，王禀力战殉难。

　　太原府的失守，使西路完颜粘罕军得以南下，与东路完颜斡离不军会师。

　　在宋朝方面，则因号称最精锐的陕西的主力军在两次解围战中耗折殆尽，开封的陷落已成为定局。

率队侦察，直取敌骑首领

李固渡在滑州境内的黄河北岸，这里是金人占领之地。岳飞率领 3000 健儿，穿过敌人层层防线，一直深入至敌军的腹地进行侦察。这个全副武装的部队在宋时被称为"硬探"。

在一个叫侍御林的地方，岳飞的部队又与一队金兵撞上了，有了上一次的经验，他对金兵已摸到点儿底，更何况这次他手下的人大大超过这一小股敌人，他一马当先，一刀便砍死了金兵的一名将官，其余金兵为之丧胆，纷纷逃窜。

前面就是黄河了，岳飞的侦察任务至此已经完成，他可以回营交差了，可是岳飞还不想回去。

他伫立在黄河大堤上，遥望对岸，对岸不远处便是陷入敌手的京师开封，想起金人的嚣张气焰，岳飞不禁怒气填膺，他决心继续前进，将开封周围的情况也摸清楚。

冬季的黄河被严冰封冻，马蹄在起伏而又光滑的冰面上艰难地行进着。

突然，南岸大堤上出现一队敌骑，人数大大超过了岳飞的人马。敌将一看到黄河上的这一支宋军，立刻呼叫着挥众前来截击，双方就在黄河上展开了一场血战。

岳飞纵马直取敌骑的首领，那敌将也不示弱，挥刀响应，可战了几个回合，双方的战马都滑倒了，岳飞干脆弃马步战，敌将也被迫下马迎击。

冰上打仗，实在吃力。既要应付敌手，又要小心脚下，战不多久，双方都气喘吁吁，大汗淋漓了。敌将果然顽强，他左腾右跳，使得岳飞很难接近他。

恼得岳飞性起，干脆卸去头盔，四刀双锡向冰上一点。如箭一般向敌将滑去，敌将还未来得及闪躲，便被岳飞撞倒在地。冰面太滑，他挣扎了好一会也未能爬起来，只好仰面朝天，团团旋转着身体，以刀抵挡岳飞。

岳飞一剑挥去，与敌刀相撞，闪出耀眼的火星，再一看，敌将的大刀已被撞得卷刃断裂，岳飞顺手一剑，敌将的胸口顿时变成了一个血窟窿。

这一仗下来，宋军大获全胜而归。岳飞因此又被升为秉义郎，秉义郎是宋朝武职官的第四十五阶。

由于对卖国投降路线不妥协的态度和杀敌报国心切，岳飞在抗金斗争的最初阶段曾几遭挫折，历经坎坷，几乎丢掉了性命。然而，他的出色的军事才能受到了爱国名将宗泽的器重，而宗泽赤诚的爱国之心也给岳飞以极大的教育。

当时，宋朝大势已去。回顾北宋的灭亡史可以看出，从一开始宋朝的统治者就实施绥靖政策，放弃了抵抗，这是造成宋朝灭亡的最直接原因。

最先，按照宋、金"海上盟约"的规定，是由宋方出兵去攻打燕京和大同府。

攻下之后，石敬瑭割让给辽的燕云十六州就全部成为北宋的领土。但宋军进攻燕京之役，两次都遭到失败，大同府和燕京两地全都是由金军攻克的。

这说明，宋朝并没有履行所承诺的任务。可是，在金军攻占这两地之后，宋朝却不但要把燕云16州之地收归自己的统治之下，还要把长城的东端也据为己有，宋朝竟连平、营、滦3州也向金方交涉索取。

经过再三交涉，金主才答应把燕京及其附近的6州之地交与北宋，北宋则必须在原定"岁币"数目之外，每年再向金朝交纳现钱100万贯。

约定之后，女真贵族就把燕京及其附近6州的金银布帛等所有浮财以及壮丁美女都席卷而去，北宋付出了这样高的代价，而实际所获得的，却只是几座空城。

宋廷派遣了大量的官员、大量的军队去驻守燕京及其附近的6州，而为了供应这些官员和军队的粮饷，每月要从河北、山东、河东等地输送米粮10多万石。

路途较远的，送粮人畜沿途吃住盘费，有的要10多倍于所送之数。另外还要供应衣物和军需物资。这使得上述各地民间的人力物力，都被盘剥到山穷水尽的地步。

从宋军两次攻打燕京的过程当中，从宋、金交涉交割燕京的过程当中，女真贵族们已经看穿了北宋政权在政治上的腐朽和军事上的无能。

到1125年，金兵把辽的末代皇帝提获之后，立即掉转矛头，乘胜向北宋进行大规模的军事侵犯。

金兵的西路军在太原城下遭受到河东军民的坚强抵抗，长时期被阻止在那里。东路军到达燕京时，北宋派去驻守燕京的官吏和军队全部投降，所以又从燕京长驱而南。

当年年底，平日只知歌舞升平的宋徽宗竟吓得不省人事，被大臣们用药灌醒。

在性命与皇位不能兼得的情况下，最后狠心舍弃后者，索来笔墨，抖抖嗦嗦地写下退位诏书，让太子赵桓继位，即宋钦宗，自己则带着一帮宠臣连夜逃往镇江避难去了。

新即位的宋钦宗也几次临阵退缩，均被坚决主张抗金的大臣李纲及汴京军民所阻拦。

东路金兵在1126年春渡过黄河，包围了开封，并向北宋政府提出了以下几项要求：纳黄金500万两，银5000万两，牛马万头，绢帛百万匹；尊金帝为伯父；把燕云两地之人一律遣返原籍；把太原、中山、河间三镇和三镇所辖州县、人民割归金朝。

金朝还宣称，只要北宋政府答应了这些要求，金军就解开封之围北归。

当东路金军渡过黄河包围开封的消息传到各地的时候，驻守陕西的宋军急忙东下救援，各地的乡兵和人民也自动组织起来向开封集中。这些部队陆续到达开封城下，也分别给予金军一些打击。而且直到此时，黄河北岸的一些重要城镇，还都是宋兵在驻守着，他们也很可能出而阻截住金军的归路。

南下的金军统帅怀着种种的顾虑，其南犯部队又遭受到北宋官民"勤王军"的打击，因而便在暗自考虑尽早从开封撤退的事。

无奈昏聩、怯懦的北宋最高统治集团，对这一形势都看不清楚，已经到了金军撤退的前夕，他们却答应了金方割地赔款的全部要求。

北宋王朝虽然把太原、中山、河间三镇的土地人民全部出卖，这三镇诸州县的人民，却都自动集结起来，决不甘心落入女真贵族的统治之下。

斡离不于1126年农历二月率领其南犯军北归之后，并不能凭靠宋王朝的无耻诺言而把这三镇占领。

这一情况反映到北宋朝廷之后，究竟应否割让三镇的问题，也成为北宋最高统治集团中争论不休的议题了。

于是女真贵族们再一次以两路大军南犯，要把北宋王朝干脆征服。

粘罕率领的西路金军，是在1126年农历九月攻下太原的。

这年十月，东西两路金军一齐南下，在宋廷君臣议论未定之时，又先后渡过黄河，包围了开封。这时候，坚持抗战的李纲等人，和他们所修治的战守之备，都已被罢免、被废除了，各地前来救援开封的官军民军，也被宋廷以无法供应粮饷为理由，而一律加以制止，或令其返回原地了。

因此，在两路金军合围了开封之后，宋廷用以保卫这座首都的大将，是一个自称能施行六甲神术，可以生擒金的二将，并且能够袭击金军直至阴山为止的郭京，士兵则是郭京选择的年命合于六甲的一些市井游惰，共7777人；另外还有一些自称"六丁力士"、"北斗神兵"或"天阙大将"的人。

除此以外，则只有皇帝的卫士和城中的弓箭手了。这样的防御措施和实力，最终的结果，是闰十一月开封城被金军攻陷。

接着，赵桓就向金主上表投降。金主接到这份降表之后，把赵佶、赵桓父子都废为庶人。而在此以前，赵佶、赵桓父子早已先后被拘留在金军的营寨中。

接着，金军的二帅通过北宋文武大臣中的败类，在开封城内一次接一次地搜刮金银、绢帛、书籍、图画、古器等物，并依照北宋王朝皇族的谱牒，把其中所有居住在开封的男女老幼近3000人，一律拘押在金军营寨当中。

1127年，金兵在占领开封4个月后，俘获了宋徽宗和宋钦宗二帝后回到北方，至此北宋正式灭亡，这就是历史上著名的"靖康之难"。

靖康之变导致北宋的灭亡，深深地刺痛汉人的内心，岳飞后来在《满江红》中提道："靖康耻，犹未雪，臣子恨，何时灭！"这是何等的心痛与无奈啊！

"归田"路上遇知己

在宋徽宗和宋钦宗二帝被掳北上一个月以后，1127 年农历五月初一，21 岁的赵构在南京应天府。今河南省商丘县称帝，改元建炎，南宋政权至此成立，赵构是南宋的第一个皇帝，史称宋高宗。

为了重新组成一个稍具规模的政府，作一个要抗金复仇的态势，他登基不久，就起用了主战最力，并且在抗金斗争实践中立过战功的李纲做宰相。

这年六月，经过李纲推荐，用宗泽去做开封留守。原在河北、陕西等地的将领玉渊、刘光世、韩世忠、张俊等，也都先后领兵到达归德，赵构在即位后就设置一个御营司加以统辖，命副宰相黄潜善兼御营使，同知枢密院事汪伯彦兼副使，以王洲为都统制。

被赵构任用为他的首任宰相的李纲，在一年以前的开封保卫战中，曾一度担任过军事最高指挥官。

他一贯主张抗击女真军南侵，他负责指挥保卫开封的战役，虽然为时未久，就被北宋王朝所罢免，后来开封的陷落，正从反面证明了李纲的抗战部署之正确。因此，他在当时成了最具众望的人。也因此，在他做了宰相之后，重建的宋政权立即建成了一个粗具规模的政府。

当北宋首都开封被金军攻破之日，河北、河东还有许多州县并没有被金人所占领。

这些州县，有的是由北宋政府军队固守着，有的则是由自动纠集起来的忠义民兵固守着的。

金军之第二次撤离开封北返，赵构之所以能到应天府登基，这些州县军民的抗金斗争是起了一定作用的。

李纲很清楚地看到了这一点，所以，在他上台之后所提出的中兴宋王朝的建议中，认为最急切的，是控制河北、河东两路。

在他的建议之下，宋廷派遣张所去做河北招抚使，派遣傅亮去做河东经制副使。

李纲的主要用意，就是要把河北、河东的忠义民兵尽快地加以组织领导，不要使他们长时期得不到统一的领导、指挥和调度，得不到粮饷和其他物质支援，最终为金军各个击破。

宗泽受命去做开封府的知府并兼东京留守之后，首先把全城和四郊划分为东西南北四区，每区各选用谋略勇敢之士充提领，在四郊，创立坚固营垒24所，各设统领守御将官，统率新招义兵数万人，在新置教场内，练兵讲武。

在黄河沿岸的16县内，宗泽还像鱼鳞般创置了联珠寨，以便与河北、河东的忠义民兵相连结，防止来犯之敌。

这样，开封就形成了宋政权重建后恢复两河失地的一个战略基地，陕西和开封以东以西诸路的正规军和非正规军，也全都愿意听从宗泽的号令和节制。

女真贵族两次以大军南犯时，不但蹂躏了河东、河北地区，覆灭了北宋政权，涂炭了开封及其附近州县，他们还纵兵四处劫掠。

在此情况下，民族矛盾已上升为主要矛盾，阶级矛盾已降居次要地位了。于是，前次在各地起而反抗北宋政权的农民军，便也大都把斗争锋芒转向女真的南侵铁骑。

原来活动在淮水流域约有 70000 人的王再兴、李贵两支部队，原来活动在摆州一带，拥众号称数十万的王善一支；原来活动在洛阳附近，拥众号称 30 万的没角牛杨进的一支，都先后归附在宗泽的领导之下，愿意在反击女真南侵的战争中，效劳听命。

从此，宗泽拥有了上百万人马，军声大震。

同样受到李纲的推荐而被用为河北招抚使的张所任监察御史时，力主抗战，用蜡书号召河北路人民参军杀敌，在当地有相当高的威望。宋高宗即位后，他是监察御史，曾上疏力主把重建的宋政权仍迁回开封，以便控制作为天下根本的河东、河北地区。

另外，他对于当时已经哄传的宋廷将要南渡的计划，极力反对，因而对于提出南渡主张的黄潜善也曾加以弹劾。

张所虽因此而被罢免了官职，后经李纲力争，才恢复官职。但他却也因此而在社会舆论上获得很高的声誉，特别是在河北地区，用当时人的话说，是"声满河朔"。

李纲积极贯彻抗战路线，却遭到执政黄潜善和汪伯彦多方掣肘和刁难。按照宋制，如中书侍郎、枢密院长官等执政地位仅次于宰相，却与宰相合称宰辅或宰执大臣。黄潜善和汪伯彦坚持迁都东南，以图苟安一隅，这正中宋高宗的下怀。

当时，岳飞处于黄潜善的羁束之下，接连几个月无仗可打，闷闷不乐。他当然没有资格了解朝廷的许多谋议与争论。但是，从相州逃到北京，又从北京退至南京，皇帝的车驾愈走愈往南的事实，元帅府按兵不发，听任宗泽孤军作战的事实，使他不能不逐渐地明白，朝廷显然并无认真抗金、收复失地的远图，只是一味地消极地怯战和退避。

赵构的登基给当时正在进行艰苦卓绝抗金斗争的军民以新的希望，他们希望新皇帝能立即返回开封，领导全国的抗金斗争。

岳飞也是这样想的，他兴奋地说："陛下登基，百姓便有了归属，国家便有了新的主人，这便足以挫败敌人并吞我国的阴谋，中原失地的收复便指日可待。"

可是，岳飞完全想错了，赵构根本就不打算收复国土，自然也不想再回到兵火之后的开封。臭名昭著的投降派，副宰相黄潜善及汪伯彦之流，迎合赵构的心思，竭力主张将首都迁到长江以南的建康，即今南京，立即得到赵构的同意。

当年七月，宋高宗下诏说："京师未可往，当巡幸江南，为避敌之计。"

这引起爱国臣民的激烈反对，这就等于将中原大片失地，北方上千万黎民百姓，故都开封以至皇家赵氏的坟茔祖庙都拱手让给了金人。

面对朝廷的不抵抗政策，岳飞忍无可忍，愤然上书，严厉抨击了黄潜善、汪伯彦之流，指出他们的迁都主张是苟且偷安，鼠目寸光，必然遭到中原人民的反对。

在书中，岳飞坚决提出，请皇帝返回开封，乘徽、钦二帝被掳北去未久，敌人统治尚未稳固的时机，亲自统率大军北伐。

像这样指名道姓的直斥奸佞，义正词严的爱国主张，大大触怒了黄潜善与汪伯彦之流，于是他们以"小臣越职，非所宜言"的罪名，革掉了岳飞的官职，强迫岳飞离开军队"归田里"。

心怀报国壮志，一再立功疆场的岳飞，此时竟被赶出了军队。应天府南京待不下去了，岳飞只好渡河北上，准备返乡。沿途之上，他看到了到处张贴的榜文，这是河北招抚使张所正在招募抗金健儿。

岳飞知道张所，他原来在朝廷任监察御史，极力反对迁都江南，并上书弹劾黄潜善"奸邪不可用",遭到黄潜善、汪伯彦之流的忌恨,被贬出朝廷。

共同的主张,共同的遭遇,使岳飞把张所引为知己。他相信,如果投奔到张所的属下,一定能实现自己的报国之志。想到这里,他兴奋起来,竟顾不了顺路回家去探望一下老母幼子,便直奔招抚使司所在的河北大名府。

凑巧的是接待岳飞的是赵九龄,他是岳飞前不久在应天府南京新结识的一个朋友,此人很有才智谋略,岳飞时常向他请教,他也很了解岳飞的军事才能和战功,认为岳飞是"天下奇才",于是当即向张所推荐。

张所是北宋抗战的著名代表,当时受宰相李纲的委派,在河北一带招募民兵,积蓄力量准备抗金。他见岳飞身材魁梧,气宇轩昂,很是喜欢,促膝长谈,非常投机。

张所问岳飞说:"你武艺如何?能搏击多少敌人?"

岳飞徐徐答道:"我很自信自己的武艺,但并不认为这匹夫之勇有什么了不起。用兵之道贵在运筹帷幄,而不在于逞凶斗狠。来校用曳柴诈败之计打败强楚,莫敖靠采樵诱敌之法击溃绞人之围,这些全靠的是智谋,而不是个人的匹夫之勇。"

张所一听肃然起敬,赞叹道:"原来你并非一介武夫啊!不知你对当今形势有何看法?如何才能扼守黄河呢?"

岳飞侃侃谈道:"京师的安危全看河北诸郡的巩固与否。我们当在所有险隘处建立要塞,互成依仗之势,如果任何一城受到威胁,其他城塞就会赶来相助,并且伺机骚扰敌人的后方,这样的话,敌人就不敢窥视黄河,京师也就高枕无忧了。"

接着,张所又向岳飞询问对当前战局的看法。

岳飞指出,国家以开封作为京都,可它处于平原旷野之上,无山川险阻拱卫，完全依靠河北这个屏障才能保证它的安全，因此河北地位至关重要。如果河北不能为我所有，不只京师难以守卫，连江淮也十分危险。

岳飞建议张所将河北一些战略要地牢牢控制在手中，再在一些城市严密布防，如果一个城市被围困，别的城市或阻挡敌人，或来救援，这样不只河北可保，京师也就安全了。

岳飞的一席话让张所佩服得五体投地，连连点头称是。

岳飞见遇到了知己，不禁慨然请求道："张招抚如果能提兵巡境的话，岳飞愿一马当先，供你调遣！"

张所喜出望外，立即授岳飞武经郎职，命他随已归顺的另一反金将领王彦北渡黄河，挺进新乡。

当时，在金朝统治区内抗击敌军的，并不止王彦和岳飞两支队伍。女真统治者疯狂掠夺和残酷统治，激起了各族人民如火如荼的反抗斗争。

燕山府的刘立芸聚众起义，攻破城邑。他告谕民众说："吾欲致南北太平。"起义者纪律严明，"蕃、汉之民归者甚众"。

蓟州玉田县爆发了杨浩与智和禅师领导的起义军，队伍发展到10000余人。

易州的刘里忙年仅18岁，他领导的起义军也有一万多人。他们把截山险，邀击金军，对金朝形成一定威胁。

从河北路的北部到南部的相州，很多民众自动组织武装，结成的山寨达50多处，每寨不下30000人，人们奋起反抗女真贵族的统治。

河东路代州五台山的和尚真宝率领一支义军，同强敌周旋，宁死不屈。

在文水县，石颓率领的队伍占据山险，屡败金军。石颓坚持斗争 8 个月，被完颜粘罕军所俘，钉在车上，臀部插入利刃，以施加肢解的酷刑相威胁，石颓毫无惧色。

完颜粘罕亲自劝降，石颓厉声回答："爷是汉人，宁死不降！"终于被害。

宋太原府将官杨可发在繁峙县招集 20000 多人的队伍，以五台山僧李善诺等为先锋，遭完颜粘罕大军的攻击，义军战败，杨可发刺腹自杀。

解州的邵兴、邵翼兄弟团聚义兵，占据神稷山抗金。金兵俘虏了邵翼，企图胁迫邵兴投降。邵翼大骂敌人，惨遭杀害。邵兴誓不投降，屡次痛击金兵。

在建炎初年的北方民众抗金斗争中，除了王彦的八字军外，力量最强、影响最大的还有河东红巾军和河北五马山起义军。

河东红巾军看来不是一支统一的队伍。宋时百姓起而造反，或为盗匪，往往"私制绯衣巾"。女真贵族无法对付神出鬼没的红巾军，只有屠戮无辜的平民以泄愤，结果是"亡命者滋益多，而红巾愈炽"。

河北西路庆源府赞皇县有一座山，山上聚集一支起义军，由马扩和赵邦杰指挥。他们用高宗之弟信王赵榛的名义作号召，组成号称几十万人的武装。

金朝真定府获鹿县知县张龚也起兵响应。刘里忙、杨浩、智和禅师等领导的燕云地区起义队伍，也和五马山建立了联系。

在东北的金太宗御寨，有几千名被驱逐北上的汉族奴隶。他们以上山砍柴为名，置办长柄大斧，计划举行起义，并劫持金太宗，杀过黄河。由于叛徒的告发，起义被扼杀，首谋者都遭金人杀害。

以汉族为主体的各族人民的抗金斗争，毫无疑问，是正义的进步的爱国主义壮举。抗金斗争作为民族斗争，参加的社会成员相当广泛。

抗金义军的领导者，如王彦、马扩等人，本是宋朝的官员，而邵兴等人来自民间下层，也接受了宋朝的官封。因此，北方各族人民的抗金斗争不免和保卫赵宋王朝纠缠在一起，成了无可避免的特点和缺点。

在宋朝统治者中，如何对待北方的民间抗金武装，也形成两条对立的观点。宋高宗、黄潜善、汪伯彦等投降派，一方面害怕金朝，另一方面也害怕和憎恶义军武装。

特别是五马山的抗金义军，既以信王赵榛作号召，被视为对宋高宗的皇帝宝座构成威胁，更遭到宋高宗君臣之疑忌。

李纲、宗泽等抗战派，为了恢复赵宋的故土，洗雪国耻，则十分重视民间抗金武装，主张依靠北方的义军抗金。

李纲罢相后，镇守东京开封府的宗泽事实上成为抗金的中心人物。两河、燕云等地的抗金健儿渴望接受宗泽的领导和指挥，宗泽也迫切需要他们的支援和配合，双方建立了广泛的联系。

斗智斗勇，攻占新乡城

建炎元年的九月下旬，在都统制王彦的率领下，统制官岳飞、张冀、白安民等 11 人，以所部 7000 人，渡过黄河去进攻金军。

当时，河南新乡有金人重兵驻守，见宋军渡河，就乘势猛攻，想把宋军一网打尽。

王彦见状，心里害怕，传令停止前进，高筑壁垒，准备死守。岳飞几次请战，都被拒绝，不由气愤地说："我们本来就是找金寇打仗的，如今却畏敌不前！如果图安全的话，何必到前线来呢！"

王彦也恼了，说："你要找死的话，我可以让你去！"

岳飞立即率领 1000 多名士卒，迎着气势汹汹的金军杀了过去。金军急忙分兵围截，竟被岳飞打得溃不成军。

金军又聚拢起来围追堵截，再次被岳飞突破，如此反复了好几次。岳飞一马当先，所向披靡。宋军士气大振，个个奋勇杀敌，竟一鼓作气攻下了新乡。

宋军攻占新乡，这等于孙猴钻进了牛魔王的肚子，金军自然不会善罢甘休，马上调兵遣将，蜂拥而至，想把立足未稳的岳飞置于死地。两军在侯兆川相遇，展开激战。

岳飞身上10余处受伤，仍坚持战斗，士卒也拼命死战，终于击退数倍于自己的敌人。

当天晚上，宋军官兵整夜都全副武装，并且就这样睡着了。他们实在太累了，自从与王彦分兵以来，他们一直与围追堵截的金军四处周旋，已经好几天没有休息了。

所以，战斗一结束，他们没吃饭，甚至连伤口也来不及包扎，就倒头睡着了，他们以为金军刚被打败，不会马上再来。

不料，在宋军睡梦正酣时，忽然传来警报，说大批金军来劫营，宋军士卒惊得睡意全消，跃身而起，陷入一片恐慌之中。他们全拥至岳飞帐前，等候岳飞的吩咐。

岳飞没有出来，帐篷内传来有节奏的鼾声。宋兵们拿着刀，责问帐前军史："军情如此紧急，你们怎么不通知首领？"

军吏放声大笑，说："首领有令，让大家回去安心睡觉，不必害怕，金寇不会来的！"

宋兵疑惑地散开了，但都了无睡意，抱着枪，守在备好鞍的战马旁准备战斗。

其实，岳飞自己并没睡着。接到警报时，岳飞心里也很担心。宋军连续作战，已疲惫不堪，对有备而来的金军，很难取胜。逃跑已经来不及，很快会被追杀。

一番权衡后，岳飞决定冒险效法诸葛亮的空城计。金军连日来已被岳飞杀得胆战心惊，见宋营一片寂静，怀疑其中有诈，怕中埋伏，就悄悄撤走了。

岳飞长吁了一口气，急忙传令拔营。连日征战，岳飞粮草很快没有了，就到王彦营中求借。王彦对岳飞的连连取胜不仅不感到高兴，反倒觉得如芒刺在背。

当初放岳飞出去，原是让他去送死的，至少让他碰碰壁，接受金人的教训，然后回来服服帖帖地听自己调遣，不再与他的闭垒自守、畏敌如虎的政策作对。

但岳飞却坚持了下来，频频告捷，这岂不等于向世人昭告他王彦的胆怯无能吗？

于是，王彦冷冷地对岳飞说："粮草我倒是有，但自己要用。你有本事独立行动，就没有本事搞到粮草吗！"

这时王彦身边的一名幕僚在手心上写了字，向王彦展示，

是个"杀"字，王彦没有理睬，对岳飞说："你违反军纪，按罪当杀，可你离开我这么久之后，还能回来认错，勇气可嘉。现在国运艰难，人才难得，我也就不同你计较了，你好自为之吧！"

岳飞强忍不快，说："王将军，我们都是为大宋江山，当互相支持帮助，分什么你我？"

王彦冷笑了一声，随即说道："这么说，你的功劳可以记在我的名下了？"说完竟拂袖而去。

岳飞无奈，只好率领所部到了太行山一带，依靠当地民间抗金组织，与金军展开周旋，又取得了一些胜利。

在一次战斗中，岳飞俘虏了勇猛彪悍的金军大将拓跋耶乌，在另一次遭遇中，又刺杀了敌将黑风大王。

但是岳飞由于孤军作战，粮草不济，没能坚持多久，最后只得杀出重围。

不久，王彦受命总管河东、河北军事，决定重新招回岳飞，令他去守卫荣河。

岳飞对王彦拒他于千里之外一事一直耿耿于怀，没有接受王彦的调遣，率兵渡过黄河，直奔开封，投奔开封留守宗泽去了，岳飞又一次违反了军令。

岳飞与王彦之间的对立，其实也反映出了当时南宋内部对待战争的两种态度。

王彦是河内人，在少年时就喜欢读兵书，更喜欢骑马、射箭等事。后来投身军队，曾跟从泾原路经略使种师道两入夏国，立有战功。

张所对王彦的才勇也很赏识，在受命为河北招抚使之后，让王

彦做都统制。

他还多方面收揽一些英勇的人才，多方面布置着反击女真南侵军的一些具体措施，并且决定把招抚使司设置在大名府，以便深入河北腹地。

张所是十分认真地要在抗金斗争中作出贡献的。不幸的是，做皇帝的赵构尽管起用了抗战派的李纲做宰相，尽管也采纳了李纲的有关政治、军事的一些建议，然而他本人却从来不曾有过认真抗击金人、收复失地、报仇雪耻的打算。

赵构所最亲信、听从的，是一心想把新建的宋政权迁往南方，一心向着对金屈服退让的黄潜善、汪伯彦二人。

当张所还在开封招集将士时，黄潜善、汪伯彦就提出弹劾说：把招抚司设在大名府是不合适的。对于傅亮，也在他准备工作尚未就绪之时，就被汪伯彦说成是故意拖延，黄潜善也在赵构面前说他的坏话，于是，还没有等傅亮引兵渡河，赵构就下令把河东经制司废罢了。

后来，殿中侍御史张浚又迎合着黄、汪的意旨而论奏李纲犯了十几项罪状，使得李纲在做了 75 天的宰相之后，终于又为赵构罢免；李纲在职期内所建立施行的所有事务，也一齐归于废罢。

随着河东经制副使傅亮以母病告归，河北招抚使张所被贬谪到岭南。张所到岭南不久，即因病而死。然而张所对岳飞的赏识和知遇，早已使岳飞满怀感激不尽之情。

几年之后，岳飞已被升为带兵的大将，因为立了一次战功，南宋朝廷要授予他的儿子岳云一个官衔，岳飞特别为此上疏奏请，把这一官衔让给了张所的儿子张宗本。

机动灵活，屡战屡胜

岳飞离开王彦后，王彦收集散亡的部众，共得 700 余人，转入共城县的西山去据险扎营。

他派遣心腹去与"两河豪杰"进行联系，以图再举。这支部队的全部成员，为表示抗金的决心，都在面部刺上"赤心报国，誓杀金贼"8 个字。

因此，人们就把这支部队称作"八字军"。没有多久，河北、河东的忠义民兵营寨中，有 19 个营寨的首领，如傅选、孟德、刘泽、焦文通等，都响应了王彦的号召，兵众达 10 多万人，绵亘于数百里内，金鼓之声，彼此都可互相听到。西至并、汾，北至相、卫，凡已聚众结寨抗金的，也都秉受王彦的号令和指挥。

在河北的女真军事首脑们，把王彦的部众视为劲敌，虽屡次以大兵犯其营垒，却败多胜少。他们有时也想再渡河南犯，却因受到王彦部队的牵制，总不敢贸然把这一心愿见诸行动。

后来宗泽把王彦函约到开封，和他商议说，在河北扰乱敌人的心腹极重要，但为了使皇帝赵构敢于再回到开封，加强开封的保卫力量，却更为重要。

他希望王彦能够把已在日益扩大的"八字军"调往黄河南岸，以增强那里的防御能力。王彦按照宗泽的意见，率领八字军全部人马，和部分忠义民兵首领焦文通等人，南渡黄河，把部队部署在黄河沿岸，完全听受东京留守宗泽的指挥。宗泽向皇帝赵构上疏奏陈此事，并荐举王彦作河东、河北制置使。

岳飞自从率部自为一军以来，他的部队却不能像王彦的部队那样日益充实壮大。当他闻知八字军的军声大振，并且已经渡河归宗泽统率之后，他单身匹马到王彦的军营中去认罪。

宗泽是北宋末年有名的抗金派领袖人物，原任天下兵马副元帅，岳飞第三次投军的刘浩部队，便归宗泽领导，因此，他也算得上是宗泽的旧部了。

岳飞是第一次来开封这座历史名城，自五代以来，开封便是梁、晋、汉、周几朝的都城，宋太祖赵匡胤登基，也定都于此。开封曾经是岳飞少年时代向往的地方，没想到会在战乱之际来到这里。

自从金人两次躁动之后，开封宫楼残破，市井凋零，完全失去了昔日的繁华景象。宗泽驻开封后，招集来天下义军，分区把守，街道上有兵将列队行走，练武场上传来阵阵的喊杀之声，给城市平添了几分生气。

在太行山苦战了几个月，吃尽了苦头的岳飞，一见到这种景象，禁不住心情激动起来。

岳飞安顿好了部队，单身去拜见宗泽，当他正匆匆行走时，忽听有人喊道："这不是抗命不遵的岳飞吗？将军正要派兵去拘拿他呢！倒送上门来了！"

在新乡城之战后，岳飞摆脱了都统制王彦的领导，而擅自以所部自为一军，这是背离长官，按当时的军纪说来，是一桩异常严重的罪行。

现在距离在新乡城外脱离王彦的日期，虽然已经有了几个月的间隔，然而，当日岳飞的决绝态度，使得王彦还不能释然于怀。

岳飞一看，原来是王彦部下的几个头目，岳飞旧的同僚。几个人不由分说便将他抓住直送王彦大营。

王彦此时奉宗泽之命，负责守卫京师，见到岳飞，他生气地说："你两次违反军令，军法难容，不要怪我无情！"

说罢，喝令推出去斩了。

岳飞被五花大绑押赴刑场，他好不懊恼，他本来是要献身卫国的疆场的，难道就这样窝囊地死去吗？

正在这千钧一发的时刻，正巧被巡视三军的宗泽遇见了，他看到一个即将被处斩的年轻将领，觉得有些眼熟，一打听才知道原来是隶属于他部下的岳飞。

对于岳飞出色的战绩，宗泽是早有了解的，一直以为他是一个人才，再看他现在，虽然死到临头，依然是昂首挺胸，全无颓丧怯懦之态，不禁赞叹道："真有点英雄气概呀！"

宗泽向监斩的军官问明了被斩的情由，也觉得是个必死的罪名，可现在国家多难，正是用人之际，他虽然意气用事，可还是心向朝廷，便连忙命令给岳飞松了绑，对他说：

"按照军法，你是不应当被赦免的，现在大敌当前，我就不追究你过去的罪过了，今后你一定要多多为国立功！"

岳飞深深感激宗泽的宽恕之恩。

建炎元年十二月，金兵的军事首脑们在河北聚议，要再次南犯。

当时，金兵已经第三次南下，一部分进犯胙城，一部分则已乘隙南渡，西犯汜水。

汜水是京师的咽喉，战略地位十分重要，宗泽当即任命岳飞为"踏白使"，即突击队长，率领 500 骑兵前去抵抗金兵，并且叮嘱他说：

"我看你是很有作战本领的人，所以特地派你去迎敌，现今是你奋勇立功的时候了，可是也不要轻率从事。"

岳飞如同蛟龙得水，他率领骑兵，风驰电掣般地直奔前线，一举击退了敌人的进攻。当他凯旋回到京师开封时，宗泽立即升他为统领。

后来又经过几次战役，岳飞又被提升为统制。这表明宗泽对他是越来越器重了。

岳飞虽然在汜水一带初战告捷，整个军事形势依然非常险恶。金军在中原作战，往往是盛夏休兵，而于秋冬弓劲马肥之际用兵。

此次建炎元年的冬季攻势，金军几乎是倾巢而出，分兵三路。

东路由"三太子"完颜讹里朵和元帅左监军完颜挞懒任右副元帅，此军直下京东。

西路由完颜娄室和完颜撒离喝率领，攻打陕西。

中路有左副元帅完颜粘罕和元帅右监军完颜谷神指挥，进犯京西。东、西两路军都占领一些州县，而中路军作为主攻部队，攻势尤其凌厉。

完颜粘罕军直取西京河南府，又占领郑州，亲自同宗泽所率的东京留守司军对阵，他又命部将完颜银术可等分兵继续南下，焚掠京西很多州县，企图从南面包抄开封。

完颜兀术也率兵向开封进逼。宗泽的东京留守司军濒临四面受敌的险境。

从1128年春，在东京开封府所属及其毗邻的州县，宋金双军进行了剧烈的拉锯战。一支宋军被打败了，另一支宋军又接踵而战。

一些地区得而复失，一些地区又失而复得。宗泽坐镇东京留守司，从容地调动军队，部署战斗。正月里，开封市民张灯结彩，一如往时。这与一年前的景况，形成鲜明对照。在艰难的搏战中，宗泽表现出了非凡的大智大勇。

滑州是开封的北方门户，争夺战打得最为激烈。宗泽先后派将官刘衍、张捴、王宣和赵世兴率部前往迎战。经过反复较量，宋军将士支付了相当大的牺牲，张捴也英勇战死，终于牢牢地保住了滑州城。

岳飞从当年正月开始，也参加了滑州的战斗。他接连在胙城县、卫州汲县西的黑龙潭、龙女庙侧的官桥等处获胜，俘虏了一个姓蒲察的女真千夫长，在宗泽麾下保持了"每出必捷"的记录。

金军这次猛烈的进攻已至再衰三竭的困境。

河北、河东等地抗金义军配合宗泽，广泛出击，扰乱了金军的后方。

翟兴和翟进兄弟指挥义兵，在伊川的皂矾岭、驴道堰等地战败敌人，收复西京河南府。

陕西民兵首领孟迪、种潜、张勉、张渐、白保、李进、李彦仙、张宗等，兵员各以万计，也奋起抗敌。

李彦仙率领人马收复陕州，同翟兴会师。

同年四月，金军终于撤退，各路宋军乘机收复一些州县。在艰难百战之后，宋金军力的对比有了一定的变化，宗泽的抗金措施初见成效。极度紧张的戎马生活暂时休止，使宗泽有暇去研讨各次战斗的成败得失，以便再战。

在北宋以前，指挥战争的人，很少按照一定的模式摆布阵式。诸葛亮的八阵图虽被后代所盛夸，但并不见后代的将帅真的依照八阵图列阵作战。

但到北宋期内，不论皇帝或是将帅，对于用兵布阵的方式却日益重视起来。宋太宗赵光义就曾为了与辽作战，亲自绘制了一幅

"平戎万全阵图"以授大将，使其按图布阵。

宋仁宗赵祯在位期间所编写的《武经总要》，既把"古阵法"都绘制成图，也把"大宋八阵法"都绘图说明，并在《阵法总说》中强调按图布阵的重要性，说：

> 孙武云："纷纷纭纭，斗乱而不可乱；混混沌沌，形圆而不可破"，不用阵法，其孰能与于此乎？

但布阵形式在作战时果真具有这样决定性的作用吗？《武经总要》的作者对此也不能作出全称肯定的答案。

因此，他在文中还做了这样的伏笔："故废阵形而用兵者，败将也；执阵形而求胜者，愚将也。"

宗泽是进士及第的，是以一个儒生而担任了东京留守的。当他做磁州知州的时候，每逢战事，每当下一道军令，还要先去乞灵于崔府君的神灵。

尽管李纲对宗泽的这种迷信行为解释说，这是他沿用古代兵家"用权术，假于神，以行其令"的做法，但终于表现出他是一个比较迂腐的人。

宗泽的军事谋略都是从书本上得来的。他对按照一定模式布阵的传统作法，更不想加以改变。

当他看到岳飞虽然屡立战功，然而每次作战都不肯遵守兵书成法时，便拿了一份《阵图》给岳飞，并劝告他说：

"你的智勇才艺，虽古良将不能过，然好野战，这却不合古人兵法。现今你还只是一个偏裨将领，这样做尚无不可，今后如做了大将，这却决非万全之计。我劝你对这本《阵图》中所列举的各种阵式，仔细研究一番，供今后作战时参考。"

岳飞把《阵图》接受下来，认真翻阅了一遍，然后回复宗泽说：

"留守所赐《阵图》，我通读了一遍，里面都是一些固定的阵式。古代和今天不一样，平地和险要的地方不一样，怎样能够按照固定的模式一成不变呢？用兵之法，最主要的在于出其不意，攻其无备，才能取胜，若于平原旷野，突然与敌人相遇，怎能来得及按图布阵呢？况且，我今天是以裨将听命麾下，带兵不多，如按固定阵式摆布，敌人对我军虚实即可一目了然，如以铁骑从四面冲来，那就要全军覆灭了。"

宗泽问："照你说来，难道阵法就不需要了吗？"

岳飞回答说："布阵作战，这是一般的打法，不是不可以用，但不能过分拘泥，运用得巧妙与否，还在因时因地制宜，灵活掌握。"

宗泽想了想说："你的话是对的。"

岳飞所说"运用之妙"的"妙"，也就是我们现在所说的"灵活性"，它"是聪明的指挥员的出产品。灵活不是妄动，妄动是应该拒绝的。灵活，是聪明的指挥员，基于客观情况，'审时度势'而采取及时的和恰当的处置方法的一种才能，即是所谓'运用之妙'。基于这种运用之妙，外线的速决的进攻战就能较多地取得胜利，就能转变敌我优劣形势，就能实现我对于敌人的主动权，就能压倒敌人而击破之，而最后胜利就属于我们了。"

在岳飞与宗泽对话时，他所说出的"运用之妙"一语，当然没有上述话那样丰富的涵义，但是，通过他们二人这番对话，可以充分证明，当时年轻的岳飞，在战争中学习战争，通过几年来的战斗实践，不但在指挥作战方面已经体会出一些极为高明的道理，已经有了敢于突破陈规和传统作法的真知灼见。而且还具有坚强的自信，敢于向上级官员陈述他的见解，从而使所谓的儒将宗泽，通过这次对话也受到了极大的启发和教益。

宗泽在开封留守任上，在修造了大量的防御工事，召集了大量的兵将之后，就接连不断地向赵构上书，请他"回銮"到开封去，不要作迁都东南的打算。

可赵构不予理睬，终究把宋廷从归德迁往扬州，并准备再从扬州渡江南迁，宗泽却依然把一封封奏章送往扬州，坚持要赵构"回銮"开封。

从建炎元年七月起，到建炎二年六月止，宗泽吁请赵构"回銮"的奏章，共有24封。

宗泽这些奏章的内容，除了坚决主张皇上还都开封之外，还涉及抗击金人入侵兵马的一些军事布置和规划。

例如，他看到赵构在建炎二年正月所下解散勤王兵的诏令中，有"遂假勤王之名，公为聚寇之患"两句，他就在自己的第十四封奏章中说道：

> 今河东河北不随顺番贼，虽强为剃头辫发，而自保山寨者不知其几千万人。诸处节义丈夫，不敢顾爱其身而自黥其面，争先救驾者，又不知几万数也。
>
> 今陛下以勤王者为盗贼，则保山寨与自黥面者，岂不失其心耶？此语一出，则自今而后，恐不复有肯为勤王者矣！

在第二十封奏章中，他向赵构报告了他部下的兵将都披沥肝胆，表示了"共济国事"的强烈愿望。

在第二十一封奏章中，他又陈述道：如果还不乘此大好时机"回銮"开封，那就势必要涣散了百姓的忠义之心，沮丧了亿万人民的敌忾之气，"则天下危矣！"

宗泽这些奏章的内容，是要借以激发赵构、黄、汪等人的报仇雪耻的志气，不要再那样地害怕金军，一意南逃。

却不料结果适得其反，赵构、黄、汪在最初还用准备回銮等类的假话来敷衍他，到后来，干脆就不予理睬了。

宗泽这时已是 70 岁的老人，在呐喊得声嘶力竭而仍不见转机之后，他的报国热忱都变为忧国郁闷。他忧愤成疾，疽发于背。

当他知道自己的生命快要终结时，便召集岳飞等部将们到他身旁，要他们坚持不懈地致力于光复国家的大业。

他握着他们的手，沉痛地说："老夫本来没有什么病，只因国家这奇耻大辱，忧愤成疾，抗金复国的大业只有寄希望于诸位将军了，只要诸位将军能为国雪耻，老夫死而无憾。"

接着，宗泽泪流满面地吟诵着杜甫的两句诗："出师未捷身先死，长使英雄泪满襟。"

岳飞被宗泽崇高的爱国情操感动得热泪沾衣。

1128 年农历七月十二日，宗泽终于与世长辞，他在停止呼吸之前，还连声高呼："过河！过河！过河！"

面对这悲壮的场面，岳飞暗下决心，一定要为实现宗泽的遗愿而殊死战斗。

力挽狂澜，稳定军心

北宋灭亡以后，宋高宗赵构在金军的追赶下，一路狼狈南逃。在宋军的一片溃败之势中，岳飞怒斥民族败类，以忠义爱国之心，激励将士，团结了一批有生的抗金力量。

宗泽死了，赵构南逃扬州去了，开封成为一座暴露在金人眼前的孤城。接替宗泽出任开封留守的是杜充，这是一个刚愎自用而又残忍嗜杀的家伙。他接手不久，宗泽苦心经营的京城防线便土崩瓦解，那些团结在宗泽周围的爱国忠义军也分崩离析。

当金兵将领粘罕率兵向开封进犯时，杜充束手无策，竟凶残地掘开黄河大堤，想以泛滥的黄河水来阻挡金人的铁蹄，以换取自己苟延残喘的时间。

这除了使无辜的百姓遭受一次更大的浩劫之外，对金兵一点用处也没有，他们避开开封，经由山东南下，很快便占领了扬州，赵构之流急惶惶如丧家之犬，慌忙向建康方向逃窜。

杜充对守卫开封本来便毫无兴趣，此时便以起兵救援皇帝为借口，将留守一职交给他人，自己要向南方逃跑。

岳飞看穿了他的卑鄙用心，冒着杀头的危险，愤然上书，斥责杜充的逃跑行为。他在书中写道：

> 中原的土，一尺一寸都不可放弃，何况京师开封，更不是其他地方所可以比的。你身为大臣，手握重兵，却不肯防守，别人谁还能担此重任？你如今一举足，这大片的国土便不会再为我所有，以后再要收复，没有几十万大军是办不到的。

畏敌如虎的杜充不听从岳飞的劝告，他终于放弃开封，南下建康。岳飞孤军难支，也只好随之南撤。几个月以后，开封被金人占领了。

当时，赵构的小朝廷临时安置在建康，对于杜充失职逃跑的行为，赵构不但不治罪，反而下诏嘉奖，并任命他为右丞相留守建康，这个丢弃了黄河防务的人，竟又主持起长江的防务来。

就在杜充逃离开封不久，金朝又以完颜兀术为统帅，调集大军，分东西两路，直取江南。

完颜兀术是金太祖阿骨打的第四个儿子，人称"四太子"，他是岳飞在今后抗金斗争中的主要敌手。此人打仗都是亲自上阵，身先士卒，异常骁勇。当年岳飞的故乡汤阴便是被他洗劫的。这次他亲率主力大军，沿东路南犯，目标便是建康。

早已被金兵吓破了胆的赵构，竟然无耻地向金朝首脑写信，表示要取消国号，取消帝号，无条件投降金朝。

赵构在一封《乞哀书》中写道：

> 古代国家遇到危亡之时，或是守卫，或是逃亡。如今

你以强大的国家征服我这个弱小之国，就像一个大力士去打一个小孩一样，只要派来一支军队，我们便会束手服从，决不会有抵抗之事。

三年以来，我们三次逃亡，现在已逃到了偏远的东南，到了天地的尽头，再也无路可走，我们现在的处境是，要守没有人，要逃没有地，还请大金国可怜我们，饶了我们吧！

赵构一方面摇尾乞怜，一面又带着他的小朝廷，向着更南的杭州逃去了，而把长江及建康的防务，全都交给了杜充。

当金兵步步逼近时，杜充却置国事于不顾，终日闭门不出，沉溺在花天酒地的荒淫生活之中，毫无应敌之策。

岳飞又一次忍无可忍，便直接闯入杜充的卧室，厉声斥问道："如今大敌当前，长江危在旦夕，你却终日饮酒作乐，不见部将，不布置用兵之事，这怎么能使大家为国效命呢？如果诸将不肯尽力，建康城失守，你还能在这里高枕无忧吗？我岳飞早已以身许国，可我孤立无援，又能起多大作用呢！"

说到这里，岳飞声泪俱下，他坚决要求杜充去巡视江防。杜充只是敷衍了他一句："明天我到江边去看一看。"

第二天，杜充却始终没有出来。由于长江沿线毫无防守，金兵便如走平地一般，顺利地渡过了长江，大兵直抵建康城下。

杜充用卑鄙的手段，欺骗百姓，贿赂士兵，连夜匆忙逃出建康，不久便可耻地向兀术投降了。

建康不可避免地失守了，宋朝的10万守军向着南方狂逃。他们是兵却失去了帅，是民又失去了家，便三五成伙，百十为群，沿着江南的田间小路、河岸湖堤，漫无目的地向南逃着。他们没有了粮草，没有了给养，可他们要吃饭，要活下去。

这些溃败的士兵走过了市镇，见了店铺，进去就抢。他们走过了村庄，进了农舍就拿，见了鸡就杀鸡，见了猪就杀猪。谁要是不答应，敢反抗，他们就打，就骂，就杀。他们就这样一路抢过去，吃过去，仿佛无边无际的蝗虫。

只有一支不大的队伍，还保持着严整的队形，还迈着整齐的步伐，有秩序地向南方进发，遇到小股的敌人，就咬住它，打垮它。这支队伍就是岳飞的队伍，从建康撤退下来以后，他们已经打了几次小胜仗，表现出了毫未衰减的战斗力。

渐渐地，队伍随身携带的那点给养也吃完、用完了。岳飞严格约束战士，不许践踏老百姓一块庄稼地，不许抢老百姓家的一粒粮。

战士们只有忍饥挨饿，当走到广德钟村时，部队无法继续前进了。战士们有了怨言，有的想脱离军队，而那些在道路上流窜的散兵游勇，有的便乘机窜到部队中来，鼓动岳飞的将士去当游寇。

还有几个小股游寇的头目干脆直接来找岳飞，约请岳飞带头率领他们向金兵投降，他们知道岳飞是杜充部队中的大将，金人都知道他的威名，有他出面，到金人那里也许不会太被人作践。

这时，岳飞忧心如焚，他明白覆水难收，队伍一散了，再要拢起来可就不容易了。这支军队大多是中原来的，他们是不愿当亡国奴，才千里迢迢从北方来到南方，怎么能让他们到了南方又散了呢！看来这个仗是要长期打下去了，没有军队怎么行！

岳飞决心力挽狂澜，遏止住这股奔逃的狂潮，而当务之急，是先要稳定住自己的军心。

一天，岳飞将全体将士齐聚到钟村一个大户人家的院子里，他登上一个小台子，目光坚毅地注视着台下的将士，慷慨陈词道：

> 建康失守了，杜充投降了，眼下也还不知道皇帝陛下的去向，可是，大宋朝没有亡！我们生为大宋国民，在这国家危亡的关头，当以忠义报国，建功立业，留名青史，死而不朽。如果投降敌人，或者流窜为盗匪，打家劫舍，欺凌百姓，那样活着是苟且偷生，死了要遭万世唾骂，大家难道愿意这样吗？

岳飞的一席话，重新燃起了广大战士的爱国热情，大家齐声高呼："愿意听从岳将军的命令！"

部队稳定下来后，岳飞又将那些约他降金的几十个散兵小头目请到钟村村外的稻场上，他只带了王贵、张宪等几个亲随将官前来。

岳飞朗声对众人说："今天请大家来，先不谈下一步的行程去向，只想跟大家比试比试武艺！"

岳飞那高超的武艺大家是早就闻名的，谁敢跟他比！于是，岳飞命令王贵等几个人分头和众人较量，或弯弓跃马，或击剑刺杀，那几十个人竟没有一个是敌手，纷纷败下阵来。

岳飞高声宣讲道：

> 我岳飞有这样一批出色的将官，怎么能向金人屈膝投降！大家都是中原人，父母妻儿都还留在中原，正睁大了眼睛等着我们去搭救他们，祖宗的坟墓也正等着我们回去

祭扫，难道大家能忍心认贼作父吗？

我劝大家打消降金的念头，准备着打回家乡去，光复故土，为父老兄弟报仇！

大家若是听得进我岳飞的话，今后咱们就一块干，若是不听，宁肯让你们先杀了我，我也决不随你们投降金人！

这一番话，说得那些小头目一个个低下了头去，他们省悟过来，纷纷表示："岳将军是英雄，我们也不甘心当孬种，从今以后，跟岳将军干下去！"

就这样，岳飞在艰难困苦的时刻，团结、教育了一支队伍，为抗金大业保存了一支有生的战斗力量。

岳家军令金兵闻风丧胆

金军在三月撤离平江府后，直扑常州。常州知州周杞探知敌情，急忙派属官赵九龄专程赴宜兴县，邀请岳飞前来守卫常州城。由于当年在张所河北西路招抚司的相知，赵九龄也曾为岳飞移军宜兴县，进行联系和说和工作，岳飞对此十分铭感。

老朋友相见，分外亲热，而紧迫的军情，又不容两人重叙旧谊，畅谈经历。岳飞忙于部署军队，准备驰援常州城。

不料周杞惊慌失措，竟紧随赵九龄之后，放弃常州城，也逃到宜兴县。其实，周杞只要开闸放泄源于镇江府丹阳县练湖的水，金人的舟船就会在运河中搁浅，而不能行驶。

岳飞与周杞、赵九龄商议和筹划一番，即带领精兵北进，夺回常州。岳家军前后四战，将不少敌兵掩杀在河里，并活捉了女真万夫长主少孛董等11人，一直追击至镇江府的东部。

经过短期的休整后，岳家军的战斗力更上一层楼，于是，他们便四处寻找战机，打击金人。不久，有消息说，有一大批金军将途经广德南下。

岳飞闻讯后，紧急部署，在金军必经之处布下口袋阵，严阵以待。一段难熬的时间过去后，金军终于毫无防备地走来。他们根本没有意识到前面的危险，因为他们一路就是这么满不在乎地走过来的，很少遇到宋军的全力抵抗，稍一接触，宋军就四散纷逃了。但这次他们却遇到了一个强敌岳家军！

看到敌人已进入了伏击圈，岳飞号令旗一挥，只见伏兵骤起，滚木、山石从两侧山坡上冰雹般倾泻而下，金兵顿时倒下一大片。

金军被这突然袭击搞得头晕脑涨，尚未定下神来又被一阵箭雨击毙无数。剩下的慌忙后撤，却被一彪人马迎面拦住，骑马持枪冲在最前面的正是岳飞。他大吼一声，率先冲入敌群，挥动丈八长枪，或扫或刺，金兵应声倒下。

这时，两侧的伏兵已逼了过来，铁桶一样将金兵围在山谷间，轮番冲突，金兵死伤无数，剩下的大多缴械投降，只有少数拼命杀出重围，落荒而逃。

这次伏击使岳家军声威大振。只要一提及"岳爷爷"或岳家军，金人马上就心惊肉跳。他们再也不敢轻易行动了，扎下营来，想等后面的大部队上来后一起围剿岳飞。

岳飞探得敌将王权的部下多是签军，就是被金人强行征集的汉兵，军心涣散，战斗力比较弱，就决定先把他们一网打尽。一次，有100名签军出来打劫，遭宋兵追杀，40余名被抓，押赴岳飞营帐。这些俘虏以为死到临头，个个心惊肉跳。

岳飞沉着脸道："你们也是汉人，却为虎作伥，帮金虏屠杀同胞，本该斩首。"说到这，岳飞有意停顿了一下。

签军们吓得魂不附体，立即跪下磕头说："岳爷爷饶命！岳爷爷饶命！"

岳飞严正地说："饶命不难，就看你们愿不愿意改邪归正，戴罪立功？"

签军们连忙道："愿意为岳爷爷效劳，请岳爷爷吩咐吧！"

岳飞说："要你们做得很简单。请你们回去做内应，帮我们攻取王权营寨，怎么样？"

签军们连忙答应。岳飞遂与他们计划好具体行动的时间和方式，然后就放他们回去了，当天晚上半夜时，这些签军突然放起火，并大声喊："岳爷爷来了！"

敌人营寨就像炸了锅一样，一片混乱，一些敌人衣服也没有穿好，就倒拿武器跑出营帐。王权竭力想稳住军心，但无济于事。早已埋伏在外的岳家军一拥而上，冲入营寨，一边乱砍，一边喊降。签军本是被金人胁迫而来，心里对金人早有怨恨，哪肯为他们卖命？所以几乎未加抵抗就放下了武器。

王权见状，就想乘乱逃走，被岳飞赶上，一把掀下马来，被拥上来的士卒俘虏。

岳飞广德大捷后，本想南下勤王，但粮草接济不上，不便远行，只好把军队驻扎在牛头山，等完颜兀术撤退。

完颜兀术因遭南宋军民的英勇抵抗，不得已放弃追袭赵构的计划，声称"搜山检海"已毕，开始率部北撤，途中遭南宋名将韩世忠截击，金山寺一役，几乎被擒，慌张中逃进了死港黄天荡。之后又掘开老鹳河故道，才得以脱险。

完颜兀术庆幸自己命不该绝，已摆脱死亡的威胁。正当他暗自庆幸时，突然鼓角齐鸣，从树丛中和乱石后跃出大队人马，杀奔过来。

冲在最前面的那位大将，挺着一杆丈八金枪，盘旋飞舞，神出鬼没，无人可挡。

金兀术已被韩世忠挫了锐气，又遭这当头一棒，立即不知所措，无心恋战，忙策马返奔，一口气跑了二三十公里，见并无追兵，这才稍稍松了口气，问部将道："刚才那位大将是谁？如此厉害。"

一个随卒立即脱口说："是岳爷爷！"

完颜兀术叹道："原来是岳飞，果然名不虚传！"

这样，完颜兀术龟缩到建康城里去了，这是他在江南所占据的最后一个立足之处了。

穷追猛打，建康大捷

为了对付建康的金军，南宋政府几乎是倾注了全部的兵力，将他们依为柱石的三大名将刘光世、韩世忠、张俊的三支大军全都调了过来，而由张俊统一指挥。

如果这几支军队能齐心合力，围攻建康，完颜兀术必然会成为瓮中之鳖。可是这些大将都按兵不动，谁也不愿首先进攻敌人。只有岳飞，勇敢地担当起了收复建康的重任。

完颜兀术为了避免遭到宋军的攻击，保证他撤军的顺利进行，对建康的防务十分重视，在城东北的钟山，城南的雨花台筑构了两处营寨，围绕建康城墙开凿了两道护城河，沿河增修了几座营垒，并抓紧修造战船。

岳飞扎营在建康城南的牛头山上，他明白硬攻是不行的，最好是奇袭。夜间，岳飞派出小队士兵，身穿黑衣，趁着昏暗的夜色摸进敌营，进行骚扰。

当时已是傍晚，天色渐晚，完颜兀术便传令扎营。他怕岳飞深夜袭击，就留一部分士卒留心巡逻防守，自己也不敢安然入寝，至夜深人静时才睡去。

忽然，完颜兀术被一阵震耳欲聋的鼓角声惊醒，紧接着一名小校来报："岳家军来了！"

完颜兀术慌忙操剑冲出帐篷外，只见大营中四处起火，杀声不断。兀术声嘶力竭，挥舞着剑喊道："不要乱，不要乱！给我杀退岳飞！"

但被岳家军吓坏的金兵怎能镇定下来，有效地组织防卫呢？他们已经被接二连三的灾难搞得神经质了，以为到处都是想置自己于死地的敌人，尤其在对面难辨你我的夜间，他们向自己认定的"敌人"冲杀着，捍卫着自己的性命。

对方同样拼死还击着。天色渐渐亮了，金军渐渐地感到了荒唐：怎么对手和自己一样的打扮，一样的身容，一样的语音？他们突然醒悟了，大水冲了龙王庙，自己人和自己人玩了一晚上的命！岳爷爷确实厉害，我们甘拜下风！

金兵自相残杀累了，已经养足了精神，等得不耐烦了的岳家军又杀了上来。完颜兀术自知不是岳飞的对手，策马就跑，金兵也跟着奔溃，怎奈岳家军穷追不舍，慢一步的，都做了刀下鬼、马下魂。只有那些脚生得长、腿跑得快的人侥幸逃生，跟着兀术逃到龙湾，准备进驻建康。

金军到静安镇时，远远看见旌旗招展，兀术大惊，连忙退兵。还没来得及行动，已听见连珠炮响！岳飞领着大队人马杀了过来。

岳家军冲进敌群，一阵猛杀。金兵死伤无数，15里长的路上积满了尸体。在岳飞的带领下，英勇的岳家军再次取得大捷，打击了金兵的嚣张气焰。捷报传遍了各大军营，将士受到了鼓舞。

1130年农历五月十一日，岳飞发现建康城内火光冲天，金兵各兵营的驻军纷纷开拔，岳飞料到完颜兀术顶不住了，要逃离建康了，他又演了撤离杭州的故伎，放火焚毁建康城。

岳飞怀了满腔怒火，亲率 300 名骑兵、2000 步兵，从牛头山上直冲下来，金兵只顾逃命，根本不敢抵抗，岳飞穷追不舍，一口气追到建康城北 15 里的静安镇。

这里是金兵渡江的码头，金兵聚集在这里，如同没了头的苍蝇，热锅上的蚂蚁，挤挤挨挨，闹闹嚷嚷，乱成一团，都拼着命地要往渡船上挤，岳飞立刻挥师冲杀过去。

这一仗，打得可真叫痛快，将士们刀劈枪挑，马踏箭追，甚至用手推，用脚踹，顷刻之间，只见江岸上，金军的尸体重叠成堆，大江上，淹死的金兵漂浮成片。金兵究竟死伤多少，实在无法统计，清理战场时，俘虏 300 多人，其中将领 20 多人，战马 300 余匹，其他铠甲、兵器、旗鼓、辎重、牛驴等，更是堆积如山，数也数不清。

从建炎四年四月至五月，岳家军同金军战斗几十次，都取得胜利。战事的失利，使完颜兀术虽知放弃建康可惜，而又痛感久留建康无益。他自五月五日开始，便加紧在建康城内大肆杀掠和破坏，本人在十日移驻于建康城西北 15 公里的静安镇。

岳家军进驻建康城，建康府前通判钱需也纠合乡兵，随同进城。城中遍地灰烬，街巷和屋宇已面目全非；居民的尸体纵横，血流遍道，很多伤残者还在呻吟呼号。

岳飞率部北上收复建康时，命刘经留守宜兴县。岳飞和刘经原是共患过难的战友。岳飞从建康府凯旋，途经溧阳县时，忽然有刘经的部将王万前来密报，说刘经图谋杀害岳飞的母妻，吞并他的军队。

在南宋初兵荒马乱之时，杀掉某个统兵官，并吞他的部队，是屡见不鲜的事。岳飞大吃一惊，便命部将姚政连夜返回宜兴县，相机行事。

姚政赶到宜兴县，就派人邀请刘经，诡称岳母姚氏有急事，要同刘经商量。刘经不虞有诈，当他急匆匆前来，跨进姚氏的房间后，便被预先布置的伏兵杀死。

岳飞随后即至，抚慰刘经的部众，向大家说明事情的原委。由于岳飞威信显著，军中没有发生别的波折。王万和姚政都是汤阴人，后来成为岳家军的统制。

当年五月下旬，岳飞亲自押解战俘，前往"行宫"越州，这在南宋立国4年以来，尚属首次。四五年前，在相州到南京应天府的行军途中，岳飞也许见过赵官家的模样，而赵官家却不大可能对一个无名之辈有何印象。岳飞当时尽管官位不高，却已成为宋高宗愿意召见的人物。

进驻宜兴，百姓拥戴

岳飞的队伍从建康乘胜追击，一直尾随着完颜兀术的部队，一边追一边打，一次他袭击了金兵的殿后部队，杀死金兵1200多人，生擒敌将60多人。

金军中那些被强迫抓来的汉族士兵看到岳飞的部队如此善战，纷纷逃离金军，投降过来，不长的时间，便有万人之多。

岳飞对他们深明民族大义之举大加夸赞，又动员了一些人重回金军，作为内应。这些人回去以后，按照岳飞的安排，常在夜间袭扰敌营，焚烧金军的辎重粮草，岳飞的大军再从外面杀进去，里应外合，连连得手，在广德县境内便取得了六战六胜的战绩。

岳飞的部队很快壮大起来，人数达到20000人之多，可是，这么大的一支部队，无处得到粮草，吃穿的问题越来越难解决。

宜兴的官员早已听说岳飞的部队军纪严明，便来信欢迎岳飞移军宜兴，保护宜兴，并说县里的存粮足够10000大军吃10年。

当时，小吏李寅向岳飞建议移屯宜兴县。宜兴知县钱谌等人早已听说过岳飞的威名，也特地写信给岳飞，欢迎他率军保护县境。

宜兴县东临太湖，北通常州，西面又逼近建康府通临安的大道，确是进可攻、退可守的军事要地。宜兴是个美丽富饶的地方，是兵家过往必经之地，战略地位十分重要。

当年二月，一支部队进驻宜兴。这支部队，既不像入侵的金人那样烧杀抢掠，也不像流窜的游寇那样入户扰民。他们进驻之后，先是赶走了原来盘踞在这里的几支游寇、官匪，然后就住进营寨，很少外出，若不是操练，百姓很少能见到他们，大家纷纷夸赞道："这样的官军真是少见！"这支军队，便是岳飞的部队。

在宜兴县境，尚有 3 支土匪。马皋和林聚各有几千人，岳飞派遣辩士劝降，得到了成功。

另一支土匪，头目号称张威武，不肯投降。岳飞单骑闯进他的巢穴，乘张威武惊愕之际，将他斩死，并收编了其全部人马。

在内祸外患交迫的岁月里，广大民众的生命财产朝不保夕。居然进驻了一支与众不同的军队，对民间秋毫无犯，这不能不使宜兴人民喜出望外，交相称誉，人们用朴素的语言称颂岳飞，说："父母生我也易，公之保我也难。"

当时，甚至很多外地人也争先恐后，移居宜兴县避难。按中国古代的隆重礼节，宜兴人民出资为岳飞建造生祠，以表达大家感激之情。

岳飞的部队进驻以后，宜兴的社会秩序很快安定下来。田野里有人犁田插秧，河湖上有人撒网捕鱼，山冈上有人采茶砍柴，树林间有人摘桑喂蚕，逢到赶集上圩的日子，纵横交错的乡间小路上，络绎不绝的是提篮挑担的，四通八达的河网水道上，前后相连的是乌篷小船。

宜兴暂时又恢复了往昔和平时期的美丽春光，在那兵荒马乱、烽火连天的江南大地上，这里仿佛是一块乐土，那些逃难在外的宜兴人都回到家乡，连四邻八县的百姓也扶老携幼、拉家带口地到宜兴来寻求一个安生之地。

岳飞对待河北、河东等地的金人签军，一贯采取正确的政策，将他们视为自己的骨肉同胞，不歧视，不苟待，尽量为他们争取工作。于是"岳爷爷"的声名远播，成千上万的签军争先恐后地前来降附。

岳飞也想起了自己的家，自从最后一次离家，至此已经3年，家乡早已处在金人的铁蹄之下，他惦念着亲人的安全，便趁着眼前难得的这一个短暂的安定时机，派人潜回汤阴去迎取家眷。

可是，岳飞的家人也全都逃难去了，经过先后17次的探询，才找到了母亲姚氏和儿子岳云、岳雷，而妻子刘氏却已改嫁他人了。于是岳飞又娶了一个江南女子李娃为妻。

李娃比岳飞大2岁，李娃在与岳飞结婚时已29岁。李夫人聪明贤惠，对岳母非常尊敬孝顺，深得岳母欢心。对岳飞前妻所生的两个儿子岳云、岳雷也倍加爱护。

岳飞一身正气，作风正派，军纪严明。他对李氏虽然敬爱，也委命她做些将士家属和烈士子女的抚恤工作，但他主张军机不可"归而谋诸妇"，并在军中当作纪律来宣布，严禁裙带关系和枕边外交。

有一次，岳飞率军从宜兴出发，到外地作战，不料战事受挫，李氏得知十分担心，便与留在宜兴的宋将商量，宋将准备遣精兵前去支援，正待调集兵马整装待发时，突然岳飞从前线胜利归来。

岳飞发现这一情况后，认为军机怎可受妇人干预，更不应执行夫人之命调动军队。岳飞便对这员宋将严加惩处，对李氏夫人也重重地进行了批评。

婚后夫妻恩爱，又生了 3 个儿子岳霖、岳震、岳霆，一家人共患难同生死。

岳飞遇害时，岳霖年仅 12 岁，孝宗皇帝昭雪时，岳霖 32 岁，岳飞冤案昭雪后，岳霖由江州来到宜兴。

岳霆在 1137 年农历二月生于军中，父兄遇害时，岳震、岳霆在江州故居居住，噩耗传来，家人闻变，引岳震、岳霆兄弟二人潜过长江，改姓鄂，隐居于黄梅大河镇，后迁聂家湾。

岳飞蒙冤遭陷害死后，李夫人与子孙等流放岭南 20 年。

后来，孝宗皇帝登基时，李夫人已年高 62 岁。皇上圣旨复原封正德夫人、晋泰国夫人，还加封楚国夫人。李夫人生前遗嘱："终后葬庐山，陪伴岳母姚太夫人。"孝宗皇帝念及岳飞功勋卓著，赐"天下名山任选"厚葬李夫人。

在降官如毛、溃兵似潮的逆流中，岳飞卓尔不群，他以必胜的信念，顽强的毅力和恰当的措施，发展和壮大了自己的队伍。

这个青年统制开始担任主将，他按照自己的意图和风范，塑造了一支抗金劲旅。人民称这支雄师为"岳家军"。

在岳飞的精心治理下，他的军队变得纪律严明起来，并很快赢得了老百姓的衷心拥护。百姓乡亲为了表示岳家军与其他作风恶劣的军队相区别，他们甚至设立祠堂，绘上岳飞画像，经常供奉祭祖，祈祷岳家军尽早赶走金寇，使老百姓恢复正常的生活。

从此，百姓不再一味地拒绝参军了，送子送夫参军者络绎不绝，他们也不再坚壁清野了，箪食壶浆者随处可见，更不冷眼观战了，带路送情报者主动踊跃。

在紧张的整军、练兵之余，岳飞不忘挤时间学习。他深知，若没有诸葛孔明之谋略以及淮阴侯韩信之武才，仅凭匹夫之勇是很难扭转当今危局、救民于水火的。这就需要向古代的圣贤学习，汲取他们的经验。

岳飞喜欢读的仍然是《孙子兵法》，常把这本书置于身侧，有空即琢磨研习。与少年时的诵读不同的是，他现在有丰富的军事经验，对书中那些精奥的道理有更深的启悟。他经常将这些体会在具体的战斗中加以运用。当然，他并不盲目迷信、机械照搬。

著名爱国诗人陆游诗云："剧盗曾从宗父命，遗民犹望岳家军。"岳家军当时尚不是一支大部队，无力挽狂澜于既倒，但在江南的抗金战场上，已不愧为中流砥柱。

威名远扬，志雪国耻

建康大捷，极大地鼓舞了大江南北爱国军民的抗金斗志和必胜信心，从此，岳飞和他的岳家军也威名远扬。

此刻，萦绕在岳飞心头的，是一个更为宏大的战斗目标，他拿起毛笔，挥洒自如，岳飞在驻地张清镇房东的一架屏风上，题了长长的一段词：

近中原板荡，金贼长驱，如入无人之境，将帅无能，不及长城之壮。余发愤河朔，起自相台，总发从军，小大历二百余战，虽未及远涉边疆，长驱直入，亦快国仇之万一。今又提一垒孤军，振起宜兴，建康之城……当奋勇争先，深入敌境，擒其枭帅，拔其穷域，迎二圣复还京师，取故地再上版籍。他时过此，勒功金石，岂不快哉！此心一发，天地知之，知我者知之。

建炎四年六月望日，河朔岳飞书

这段词的大意是说：自从中原遭受战乱，金贼长驱直入，如入无人之境，而朝廷将帅无能，根本不配称作保卫国家的长城。我愤而从军，从故乡出发，直到现在，经历大小二百余战，虽然还未能扫荡敌巢，但也多少实现了我的为国雪耻之志。建康一仗，我以孤军迎敌，一举收复城市，将金贼赶入大江，仓皇逃遁，可惜的是没有能杀他个匹马不回。倘吾朝廷能赐赏我兵器盔甲，奖励三军，我一定要直捣敌人的朝廷，将敌首擒获，迎取徽、钦二帝重返故都，使丧失的国土重新为我所有！

可是，南宋小朝廷并没满足岳飞的愿望，而是将他派往通泰任镇抚使，通泰就是现在江苏的南通和泰州。看起来，这也是独掌一面的大官，可这里偏处东海之滨，远离抗金的第一线，与岳飞的志愿大相径庭，为此他上书请求辞去这一职务，而要求朝廷派他到战略地位更为重要的淮南东路任职，并允许他招集兵马，以实现他的伟大的志向。

为了表示必胜的信念，岳飞甚至提出将自己的母亲、妻子和两个儿子作为人质，交给朝廷看管。

南宋小朝廷没有答应岳飞的请求，对金的战争日趋缓和，他们的心思又放在平定内乱上了。

岳飞自从青年投军，效命疆场，至此有整整十年，他的足迹，从北到南，从东到西，抗外敌，平内乱，转战数千里，身经大小几百次战斗，身上负伤多处，立下了汗马功劳。

岳飞从一个穷乡僻壤的农家孩子，成为一名令敌人闻之丧胆，同僚为之逊色的著名战将，使得皇帝对他不得不另眼看待。10 年来，他走过了一条辉煌的人生道路。

岳飞携儿子岳云一同来到了杭州。这个钱塘江畔、西子湖边的历史名城，向来以风景绝佳、富庶繁华而闻名天下。

岳飞是在到杭州的，这个季节，正该是这座城市最美丽的时刻，可是，没有了"三秋桂子，十里荷花"，那一切的好景都已经荡然无存，都被完颜兀术一把大火烧光了。

从军10年来，岳飞曾见过无数被毁灭的城市和村庄，每一次都激起他无比的痛心和愤怒。

赵构是第一次召见岳飞，他自然不会记得7年前在元帅帐下服役、曾因上书反对迁都而获罪的那个无名小卒了，这时的岳飞30出头的年纪，长年的战地风霜使他的面庞显得更加坚毅。

相见之后，赵构夸赞道："朕早就知道你了，你打仗勇敢，治军严明，为国家立了大功，是我朝大将中的后起之秀，如今民间儿童都知道你的姓名，村夫野老都传扬着你的威名，今后朕的江山社稷还赖爱卿维持！"

赵构赏赐了岳飞不少东西，有衣甲、马锁、弓箭各一副，金城战袍、金带、手刀、银缠枪、海皮鞍各一件。使岳飞感到最为珍贵的是一面军旗，上面用金线刺绣着赵构亲笔书写的"精忠岳飞"4个大字。

岳飞庄重地接下了这些赐品。

赵构指着岳飞身后的岳云问："这就是你的儿子岳云吧？"

岳云当时才15岁，虽然他面如满月，还透出一股稚嫩之气，可却有一副铜骨铁筋，力气大得惊人，他使的一副铜锤就有好几十斤重。

岳云自幼受父亲的言传身教，早就立志，要像父亲一样，以身许国，他12岁就从军，已经多次立过战功。

赵构赞赏说："果然是将门出虎子呀！"他也赏了岳云弓箭一副、战袍一件。

岳飞被任命为主持江西、安徽一线军政事务的大员，他所管辖的地区，跨越长江中游的南北两岸，直连中原地区，方圆达几百里，是长江沿岸最重要的防区之一，帅府就设在江州。

岳云也被封为保义郎、阁门祗侯。当时的豪门子弟，因父祖封官，是十分普遍的现象，岳飞却推辞说："岳云年少，还没有为国家立功，他不应受封。"

赵构回答说："我并不是对岳云偏爱，他小小年纪，就从军打仗，为朝廷效力，封他是理所当然的。"

在岳家光耀门楣的同时，另外一个人物也在朝中蠢蠢欲动，他便是秦桧。

秦桧是建康人，字会之，他出身在一个汉族地主的家庭。他父亲当过静江府古县令，这在宋朝统治阶级中只算得上一个小官。

秦桧生活在这样的环境中，不可能疾速地飞黄腾达，因此做过乡村教师。他对这个职业并不满意，甚至牢骚满腹，说"若得水田三百亩，这番不做猢狲王"。

他要求不高，只要有几百亩好田，不再当"童子师"、"孩子王"，不再靠束修，自给也就可以了。但自从中进士后，他就扶摇直上了。

当秦桧升为北宋的御史中丞时，北宋灭亡，他也被金兵掳去，到了北方，他立刻卖身投靠金朝统治者。

秦桧在以被俘虏的皇帝赵佶的名义写给金朝当权贵族粘罕的一封信中，攻击南方人民的抗金斗争是小人贪功求赏，沽名钓誉；他为金人出谋划策，让他们对南宋小朝廷采取诱降政策，说这样比起东征西讨、大动干戈，会得到更大的好处；他并毛遂自荐，说金朝如果派人去南宋诱降，他是极愿充当这个角色的。

果然，秦桧得到了金朝统治者的赏识，金朝皇帝金太宗把他赏赐给了另一个有权势的贵族挞懒，被挞懒任命为"参谋军事"。

早在1130年，秦桧随挞懒攻打宋朝的楚州，亲笔替挞懒代写了一篇以劝楚州人民投降的劝降书。他这样死心塌地地为主子效劳，更得到主子的信任，便暗中指令他潜回南方，充当金朝在南宋小朝廷的代理人。

就在当年 10 月，秦桧携带了老婆王氏和奴仆，回到了南方。他一见到赵构，便吹嘘自己如何被金朝贵族所宠信，以此来抬高自己的身价。

对于这个变节投敌的叛徒，南宋朝廷上的许多正直大臣是十分反感的，而且还怀疑，他既然以得到金人的赏识而沾沾自喜，为什么还要回来呢？

而昏聩的赵构，对于金人的这条走狗，不仅未加惩处，反而因为得到了一个能与金朝统治者打交道的人而欢喜非常，并对人说，他见到了秦桧之后，欢喜得连觉也睡不着。当即任命他为礼部尚书，3 个月后升任副宰相，又过了半年，竟然让他登上了宰相的宝座。

从此，秦桧便在南宋朝廷潜伏下来，最终成为残害岳飞的罪魁元凶。

1132 年，女真贵族暂时没有对南宋采取军事行动，张俊、岳飞等对李成、张用等游寇军贼的扫荡和招安，又取得节节胜利，整个局势已趋稳定，赵构这才回銮临安。

兵灾之后，临安这繁华一时的行都，已非常残破、冷落。西湖一带，宫殿雕栏损缺，亭阁梁断格残。烧焦的椽柱，零乱的砖瓦，虽经年累月，仍遍地横陈，极目所至，一片荒凉。

秦桧被重任后，他为了进一步迎合赵构的心理以取得宠信，不惜百姓的人力、物力、财力，重新清理修缮行都临安，以粉饰"太平"，装点"盛世"。

这样，西子湖畔又飘扬起靡靡之音。赵构和他那一批亲信使臣，纵情声色犬马，过着灯红酒绿、纸醉金迷的生活。

岳飞屯戍江州，整军练武，严肃军纪，积聚力量。1133 年间将自己的队伍发展壮大至 23000 人。

当时，岳飞写了这样一首诗："雄气堂堂贯斗牛，誓将直节报君仇。斩除顽恶还车驾，不问登坛万户侯。"他心中时刻怀着报君仇雪国耻的热忱。

九月中旬，岳飞应圣旨宣召，携带儿子岳云赶往临安。这是他第二次受到皇帝召见。虽然两次召见只相隔 3 年时间，但由于屡建奇勋，岳飞的声望已今非昔比了。

召见时，赵构问岳飞："你以为什么时候天下才能太平呢？"

岳飞回答说："到了文官不爱钱、武将不怕死的时候，天下自然就太平了。"

赵构听岳飞这么回答，很感到意外，瞥了左右一眼，觉得岳飞的话中似乎有某种弦外之音，但他此刻心里正非常高兴，并且正想要笼络岳飞，使岳家军更加忠心耿耿地为他效命，因此并未深究。

他又对岳飞大大嘉勉了一番，赏给岳飞金线战袍、银缠枪、海皮鞍、金带、衣甲和弓箭、手刀等物。

这一次，赵构又特地赐给岳飞军旗一面，上面绣有赵构亲笔书写的"精忠岳飞"4 个字，和上次所赐的旗帜不同的是，这面旗帜可以作为岳飞行军和打仗的大旗，在战场上飘扬。

另外，赵构还颁赐白银 2000 两，犒赏岳家军。几天后又颁布诏令，升岳飞为镇南军承宣使，江南西路舒、新州制置使，还授予岳云正九品保义郎、门批侯的阶衔。

此后，岳家军番号由神武副军改为神武后军，原江州、新州由傅选、李山两统制分别统率的两支部队，归并入岳家军。牛皋、董先、李道等部，也奉诏"听岳飞节制"。这样，岳家军的实力更加强大了。

出师追剿，平定内乱

自从金军南侵，骚扰中原，宋朝兵民困苦流离，强盗草寇劫掠乡里，有些甚至投降金人，为虎作伥。因此岳飞在抗金的同时，也参加了一次次平定内乱的军事行动。

1131 年，宋高宗任命张俊为江淮招讨使，岳飞为副，前往讨伐李成。李成原来是江东捉杀使，却于建炎二年落草为寇，叛据宿州。后来被刘光世打败，窜迹于江、淮、湖、湘间，横行 10 多个郡，势力滚雪球般膨胀起来。

张俊接到任命后，本想与岳飞一起进军。见情势危急，于是提前出发，进军洪州。李成部将马进领着比张俊多几倍的兵马，将洪州团团围住。

张俊命令高挂免战牌，任马进百般辱骂，就是不出城迎战。这样相持了 10 多天后，岳飞领兵赶到，杀开重围，到了城内，见到了张俊。张俊大喜，问岳飞怎样才能打败敌人。

岳飞回答说："我认为现在可以出战了！"

张俊说："我们两军合二为一，也没有马进人多，如何获胜？"

岳飞说："马进虽然人多，但他一心只顾尽早拿下洪州，却没有考虑身后的危险。如果我们派一支人马潜出敌营，沿江而上，抢占生米渡，截住敌人的退路，再用重兵攻其背后，这样一定能破马进。"

张俊连连称是。

岳飞请求做先锋，张俊大喜，命岳飞率领所部掩击敌人营寨，又派杨沂中领精兵，趁着暮色来到城外，直奔生米渡。

岳飞披甲上马，奔赴西山，逼近敌人营寨。马进自兵围洪州以来，连日骂阵挑战，张俊总是不应，还以为张俊贪生怕死，于是反倒定下心来，纵酒作乐，想让城中粮草断绝，不战自乱。这天，他正在帐中搂着抢来的美人，饮酒听歌，已醉醺醺的了。忽然听兵士来报，说官兵从背后来劫营，着实吃了一惊。酒也全醒了，推开美人，操起大刀就往外走，一面命令属将召集喽啰，前往抵挡。

马进还未站稳脚跟，岳家军已到了眼前，迎风猎猎的"岳"字旗帜下，正是岳飞。他用枪指着马进，喝道："反贼，还不赶快下马投降！"

马进不以为然地大笑着说："都说岳飞厉害，我倒要看看你是不是3只眼的马王爷！"说到这，他猛挥一下大刀，嚎道："弟兄们，给我上！"自己直奔岳飞。

岳飞命令放箭，只听一片"喳喳"声，蝗虫一样的箭头泻向敌群，张进手下的士兵立时倒下无数。岳飞又令："出击！"话还没说完，他自己已跃马趋出几丈，挺枪刺向马进。

马进忙用刀招架。几个回合过去，马进已气喘吁吁，手忙脚乱，这才知道刚才的玩笑开大了，吹出的牛皮挡不住岳飞的掌中枪。于是虚晃一招，拖刀就逃。

岳飞率兵追杀，只见得马进军队人仰马翻，血飞尸积，没多长时间，就将整个营盘扫荡得干干净净。

马进逃至宪州，岳飞紧随其后，在城东扎下营寨。岳飞知道马进已吓破了魂儿，不敢开城迎战，就想出一个法儿，让人赶做了一面红色旗帜，上面绣着一个大大的"岳"字，然后让精心挑选出来的200多名骑兵举着巡逻，自己则率主力埋伏在墙角。

马进正在城墙上观察敌情，看见这队人马，数目不多，并没有岳飞本人，却打着"岳"字旗号招摇，莫非欺负我马进不成？岳飞本人固然英雄，手下的难道也个个无敌？

想到这里，马进羞辱感涌上心头，他叫一声："待我捉住这帮杂种！"就令放下吊桥，引着兵卒，鼓噪而出。

骑兵见马进出城，略战几个回合，假装打不过，倒拖着旗帜就跑。马进不知好歹，策马便追。转过城角，突然身后一声炮响，伏兵骤起。马进回头一看，只见岳飞正率人马围了上来，被追的宋兵也返身杀回。

马进大惊失色，几乎从马上栽下来。他已领略过岳飞的厉害，哪敢再战？但退路被阻，只得弃城东逃。

岳飞尾追不放，并让士卒大呼："不愿随贼的，请赶快坐下，我不杀你们！"

众草寇听见，大多扔掉兵器，抱着头原地坐下。后来按着名册清点，共有8万多人。

岳飞对他们好言劝诫一番后，按他们自己的志向，或发给路费盘缠，遣返家乡，或整编入伍，效命朝廷。

马进残余逃往南康，岳飞继续追赶，到朱家山时，岳飞赶上马进的后卫部队，展开拼杀，杀死他的头目赵万成。李成听到马进兵败的消息后，亲自率领十余万兵马赶来相救，与岳飞相遇楼子庄。岳飞毫无惧色，舞动着长枪，迎头乱刺，霎时间戳倒了数十名匪兵。

匪兵从未遇到过这么凶猛的将领，早已魂飞魄散，纷纷向后退去。不想却与继续蜂拥而来的匪兵冲撞一起，互相践踏，乱作一团。

岳飞乘势杀上，李成的军队死伤无数。李成见状，挥刀杀上，正撞着岳飞。几个回合过去，李成已出了一身臭汗，眼花缭乱，眼看着要败退下来。突然旁边闪出一骑，挥刀而上，与李成双战岳飞。

岳飞沉着应战，一枝长枪在手，左挑右拨，上撩下劈，三马盘旋没多长时间，就将刚冲过来的人刺下马。这人便是马进。李成心惊，虚晃一枪，返身就逃，又遭到迎头赶上的张俊和杨沂中的截杀，十万多兵马，或伤或亡或逃，最后只剩下三五千人，逃奔该州，投奔刘豫伪齐政权。

岳飞讨平了李成的军队，立即又发兵去征伐另一处强寇张用。

张用在1129年春脱离了流寇杜充，又在陈州城下打败了马皋的部队之后，紧接着也和王善一伙分裂。

他和曹成等人率领了大批人马，先是窜扰在淮北各地，便盘踞在淮西的寿春、舒城一带地方作乱。

岳飞写信给张用说："我与你有同乡之谊，故在动兵前告知你。你若想战，就速请出兵；如果不愿迎战，就赶快受降！"

岳飞曾经在开封的南黄门外和张用交战过，而且建立了以少胜多的一次奇勋。这件事，张用应当是记忆犹新的。今天的岳飞，其地位，其部队的实力，全已大非昔比，而现在又正是他带领人马前来施加压力，进行招安，这些张用全都是必须郑重加以考虑的。

张用经过思考，表示愿意接受招安。岳飞亲自去招安，张用等被岳飞的义气深深感动。自此，江淮一带归于平安。

绍兴元年的腊月中旬，南宋王朝虽把岳飞的军职由神武右副军统制提升为神武副军即原来的御营军都统制，但同时又下令给他，要他仍以所部驻屯洪州。

直到绍兴二年的正月，南宋王朝委派已经废弃在福州许久的李纲，去做荆湖、广南路宣抚使、兼知潭州，叫韩世忠拨部将任士安率3000人随同李纲经由汀州、道州去上任。

另外，又委派岳飞在李纲到任之前做代理湖南安抚使和潭州知州。岳飞接到了这一命令，立即率部从洪州出发。

南宋初年，大部分官军的纪律都很坏，他们和军贼、游寇没有什么两样。特别是在行军过程当中，"所过肆为掳掠，甚于盗贼"。

因此，各地居民，在平时就很怕有军队在当地驻扎，遇有军队经过，便大都是居民闭户，市廛停歇，以免遭受骚扰。

然而，岳飞的军队，几年以来的事实都证明，它随时随地都以纪律严明而受到百姓的爱戴。

在驻屯洪州期间，岳飞不允许兵众游逛街道，只在教阅操练时候，人们才能看到这支队伍。

岳飞决定了开拔日期后，并没有通知洪州的官吏和居民，而是在一个夜间就静悄悄地出发了。

次日一早，大军已经走了很远，岳飞才派人去向地方人士告别。居民闻悉之后，蜂拥而来，却只看到岳飞本人，另外只有几个老弱兵丁，替岳飞牵着马匹。

岳飞带领全军向湖南进发，沿路也都维持着极好的纪律：如果借住村中的民房，临行前必须替主人洒扫整洁；如果借用了民家的炊食器皿，也必须洗涤干净才送还人家。

当行经庐陵时，郡守特设了酒食供帐，在郊外招待这批武装过客。郡守一心要认识这个已经享有盛名的岳将军，想在他经过时特别表示一番敬意。可一直到人马都快要过完了，也没有发现岳飞。问士兵，他们回答说，岳将军早已和将领们一同走过去了。

岳飞下令给前军统制张宪，令其率众紧追奔向连州的曹成。曹成没有办法，又转向湖南的郴州，郴州的知州赵不群闭城固守，曹成攻打不下，又转往邵州。

曹成听说岳飞将至，大惊道："岳家军来了!"连忙分兵逃走。岳飞到达茶陵，派使赴曹营招降，被拒绝。

岳飞上表朝廷说："对付盗寇朝廷连年多用招安办法，所以强盗势力强盛时就肆虐不从，势力弱小就受降，时降时反。如果继续这样下去，盗贼蜂起，一时就难以消除了。"用现在的话来说，就是要加强打击的力度。朝廷同意了岳飞的请求。

这样，岳飞遂起大军，开进贺州境内。

有一次，岳飞的士卒逮住一名叫曹成的奸细，捆在岳飞帐外，听候审讯，岳飞一面计算着军中的粮草，一面踱出帐外，一位军吏走过来请示道："岳都统，军中粮草即将用完，怎么办呢?"

岳飞正要回答，一眼瞥见奸细，灵机一动顺口答道："只好退回茶陵再说了。"说完，露出失言后的慌张表情，跺一下脚，返身进入帐内。

随即暗中嘱咐士卒，装作大意，放跑奸细。奸细跑回曹营，将轻易获得的军事机密告诉曹成。曹成非常高兴，认为这是天赐良机，让他报岳飞一箭之仇。当年他曾让岳飞杀得落花流水，几乎丧了命，至今让他想起来就恨恨不平。他传令属下养精蓄锐，准备在岳飞退兵时从后掩杀。

岳飞放跑奸细后，半夜传令，让官兵在被窝里随便吃了些东西，然后打点行装，悄悄向选岭进发。拂晓时已到达太平场，曹成尚在浓浓的睡梦中，一点也没有料到即将大祸临头。

曹成或许正梦见岳飞已被自己追获，磕头如捣蒜，哀求饶命，而他手起刀落，砍下岳飞的头来，发出得意的大笑。突然，他被叫醒，说岳飞杀来了。曹成一时分不清是梦还是实情！白天还在贺州准备撤兵，晚上怎么可能到了自己跟前！难道他是天兵大将！但他很快明白，岳飞确实来了。

此刻，整个营寨火光四起，杀声震天。曹成并不笨，知道抵抗是死路一条，三十六计走为上。于是，他带着残兵败将，逃往贺县北山区中的要隘北藏岭和上梧关，想依险顽抗。

岳飞没有让曹成喘息，组成敢死队，乘胜猛攻。岳家军个个争先恐后，一鼓作气，连克两寨。但狡猾的曹成再度逃脱，纠合所有部众约 10 万，死守蓬头岭。

岳飞当时只有 8000 人马，但他最擅长以少胜多，加上连连获胜，将士士气正高。曹成在岳飞的痛击下，士气低落，了无斗志，人数虽十倍于岳飞，却如同一盘散沙，一击即溃。所以在岳飞的猛攻下，蓬头岭很快被岳家军占领。曹成如丧家之犬，逃往连州，后向宋军投降。

岳飞这次出师追剿曹成，尽管是南宋王朝布置给他的一个军事任务，但在他履行这一任务之前，所着重考虑的，却是为"攘外"和"服远"作准备。

他把这支流寇基本讨平后，又受命班师返回江州，路经永州祁阳县大营驿时，他在那里写了一段《题记》说：

> 权湖南帅岳飞，被旨讨贼曹成，自桂岭平荡巢穴，二广、湖湘悉皆安妥。痛念二圣远狩沙漠，天下靡宁，誓竭忠孝。赖社稷威灵，君相贤圣，他日扫清胡虏，复归故国，

迎两宫还朝，宽天子宵旰之忧，此所志也。顾蜂蚁之群，
岂足为功。过此，因留于壁。绍兴二年七月初七日。

平荡了一支流寇，对南宋王朝来说，当然要算一桩值得高兴的
事，因为从此又减少了它的统治区域内的一个不安定因素。

南宋这时的君相，虽则也被岳飞称颂为"贤圣"，他们对此事件
的意义的体认，却都只能到此为止。

而在岳飞，则当其进军追剿之初，就已明确宣告其目标是为"攘
外"和"服远"作准备工作，而凯旋路上的《题记》，则更以为平定
了这一"蜂蚁之群"根本算不得什么功绩；他所念念不忘的，还在于
日后的"扫清胡虏，复归故国，迎两宫还朝"等报仇雪耻的重大
事体。

这里的"蜂蚁之群，岂足为功"，正就是他后来写在《满江红》
词中的"三十功名尘与土"句所涵括的具体内容之一；其跋山涉水，
远逾桂岭，则又是词中的"八千里路云和月"句所涵括的具体内容
之一。其"他日扫清胡虏，复归故国，迎两宫还朝"，不又正与词中
的"待从头收拾旧山河，朝天阙"的句意全相符合吗？

南宋王朝闻知曹成所率流寇已被岳飞和韩世忠部队平定之后，
在绍兴二年的六月便下令给岳飞，要他率领全部人马，包括不久前
吞并收编的韩京、吴锡两部分人马在内，开往江州去戍守。

岳飞此时的军职虽仍是神武副军都统制，但他的虚衔，则由原
来的亲卫大夫、建州观察使而提升为中卫大夫了。

韩世忠的主力部队，在连破湖湘地区的几支流寇之后，也在这
年的六月内开始由湖南顺流东归。以军贼而接受招安、这时被南宋
王朝用作新、黄镇抚使的孔彦舟，很怕韩世忠的部队经过这一地区
时也把他的部队解决，便率领部下大部分人马北去投降了伪齐刘豫。

这时候，南宋王朝要岳飞去戍守江州的命令还不曾送达岳飞的军营。到七月中旬，南宋王朝接到了江西安抚大使李国陈报孔彦舟北道奏章，就又下诏催促岳飞赶紧率部移屯江州，去控扼那一段江边，以防伪齐阴谋乘机渡江南犯。

赵构曾派人送给韩世忠金蕉酒器一份，作为慰劳他的奖品。绍兴三年二月，赵构又把同样的一份礼品，派人送给了在江州的岳飞。

这次征剿曹成，正赶上盛夏酷暑，又在岭南瘴疠之地，由于岳飞采取措施得当，竟然没有一个士兵死于疾病，这真算得上是军事史上的奇迹。

高宗听说，很是叹赏，遂授岳飞武安军承宣使的荣誉军衔。

连克襄阳六郡建奇功

襄阳6郡是指唐州、邓州、随州、鄂州、信阳军及襄阳府，均地处长江中游地区，形势险要，为历来兵家必争之地。

襄阳6郡受到岳飞的高度重视，他多次上书高宗，力陈6郡的重要性。认为"襄阳上流，与吴、蜀襟带相连，如果我们得到了它，进可以紧逼金寇，退可保卫东南。"

岳飞强调："襄阳六郡，地势非常险要。要想恢复中原，必须以此为基地，作为朝廷武臣，岳飞早已整饬军马，准备着有机会挥师北上，报效陛下。恳望陛下圣明早断，下令实施我的计划。这样一来，既可平定长江上游，整个大宋王朝也可望逐步得到振兴，这实在是关乎国家兴衰危亡的大事！"

岳飞的这些观点和战略计划，是建立在慎重考虑和精忠报国的基础上的，是完全可行的。襄阳地处长江中游，越过汉水即可深入宛、洛地区袭扰金军后方，如果宋军的守淮部队能从东西加以策应，金军即可陷入顾前不顾后的境地，但岳飞的建议始终没有被采纳。

就在岳飞被赵构第二次接见的这一年，即1133年冬天，南宋叛臣、金傀儡政权伪齐皇帝刘豫借助金人的势力，夺去了襄阳6郡。

这样一来，南宋的长江防线便直接暴露在敌人的面前，刘豫得意非凡，扬言要在第二年麦熟之际，大举南侵。这样，形势变得十分严重。

自从被赵构两次接见后，岳飞更加精心地策划着收复中原的大计，当他听说襄阳6郡失守后，立即上书朝廷，主动请战。

1134年，被金人扶持的伪齐政权遣李成袭取襄阳6郡，长江上游告急，并且将随时祸及两浙地区。岳飞见情势危急，再次上书朝廷，说："襄阳6郡为恢复中原基本，不可放弃；为今之计，应当尽早攻取6郡以除朝廷心腹之害。"

宋高宗这才心动，与丞相赵鼎商量。赵鼎向高宗建议："岳飞是当今少有的智勇双全的大将，屡建奇功。他对长江中上游的地理形势，以及敌我双方的情况了若指掌，收复襄阳6郡，没有比岳飞更合适的了。"

宋高宗于是下诏，命岳飞前往荆南鄂州及岳州任制置使，率军克复襄阳。诏书上写道：

> 王燮现驻军鼎州，招捕杨幺，累有申奏，乞别差官兵防托大江。今差岳飞兼制置荆南、鄂、岳。其湖北帅司统制官颜孝恭、崔邦弼两军，并荆南镇抚使司军马，并听节制使唤。
>
> 李横退师，据诸处探报：叛贼李成、孔彦舟等占据襄阳府、唐、邓、随、郢州、信阳军，候麦熟，聚兵南来作过。岳飞累有奏陈，筹划收复，备见尽忠体国。今差本官统率所部军马，于麦熟以前，收复上述州军。
>
> 今来出兵，止为：自通使议和，后来朝廷约束诸路，并不得出兵。伪齐乘隙侵犯，李成等辄敢占据，须着遣兵

收襄阳府、唐、邓、随、郢州、信阳军六郡土地。即不得辄出上述州军界分。

所至州县，务在宣布德意，存恤百姓。如贼兵抗拒王师，自合攻讨，若逃遁出界，不须远追。应官吏军民来归附者，不得杀戮，一面招收存恤。亦不得张皇事势，夸大过当：或称提兵北伐，或言收复汴京之类，却致引惹。务要收复前述州军实利，仍使伪齐无以借口。

收复诸州，并委岳飞随宜措置，差官防守。如城壁不堪守御，相度移治山寨，或用土豪，或差旧将牛皋等主管。事毕，大军复回江上克驻。

岳飞在奏章中所陈述的意见，本是要在恢复襄阳、郢、邓、随诸州郡后，即以这几个州郡作为前进基地，长驱直入，进军中原的。而南宋行朝却只允许他去克复这 6 个州郡，决不允许他"辄出上述州郡界分"；并且不允许他"或称提兵北伐，或言收复汴京之类"。

但是，尽管有此种种限制，却毕竟还是允许他把平生心愿部分地付诸实践，所以，岳飞还是很愉快地去执行这一使命。

刚刚拨隶在岳飞统率之下的牛皋，即曾在河南地区与敌、伪军队多次接战，且曾在杭州亲自向皇帝赵构陈说过"伪齐灭亡之道，中原可复之计"，是一个有志气也有勇气的人。

他熟悉襄、邓以及中原地区的地理形势。有牛皋参与这次进攻伪齐的军事行动，岳飞觉得特别高兴，他委派牛皋做唐、邓、襄、安抚副使，兼统"踏白军"。此后不久，又改命牛皋为神武后军中部统领兼制置司中军统。

绍兴四年五月初一日，南宋王朝授予岳飞以如下官衔和职务：镇南军承宣使、江南西路舒蕲州制置使、兼黄复州汉阳军德安府制置使。还把荆南镇抚使司的马军全部拨归岳飞，以增强岳家军的实力。

南宋王朝还命令韩世忠以万人屯泗上为疑兵，刘光胜选精兵出陈、蔡，合势并进，相为犄角，以作声援。

军饷除由户部员外郎沈昭远专力筹措外，皇帝赵构又下亲笔诏纷鄂州、岳州以及附近各地的监司和帅守，要他们随时供应岳飞军的粮饷，不得使其稍有短缺。

这是岳家军从来没有受到过的优待和重视。然而这并没有使岳飞产生骄傲放纵的念头。

岳飞在接受到上述的重要命令和任务之后，首先严厉戒饬全军：在进军途中全军必须严格遵守纪律，眼下正是庄稼满田地的时候，兵马经行，万万不得对庄稼有所践踏。在其后的行军过程中，也确实做到了秋毫无犯。

岳家军先已从江州移到鄂州，现又从鄂州渡江北指。军旗上的"精忠岳飞"4字，闪耀在日光下，闪耀在夹道迎送的人们的眼中。

岳飞知道自己肩上担子的分量。这是自南宋立国以来，第一次派兵出击，收复失地，也是岳飞移师江南以后，第一次统兵出征。胜了，则足以激励民心，鼓舞士气，为进一步收复中原打下基础；败了，则会使金人更为轻视南宋，同时也助长了朝廷内部投降派的气焰。

宰相朱胜非特地派了使者通知岳飞，只要能旗开得胜，即授予节度使的头衔。

节度使是当时朝廷授予大臣的最高、最荣耀的称呼。

岳飞郑重地对使者说："请代我向宰相辞谢，岳飞可以为国家大义所激发，却不能为个人私利所驱动。襄阳之战，是抗敌复土的国家大事，即使完成此事而不授予节度使之称，难道我能坐视不管？

攻取一座城池，赏赐一个爵位，这是对待一般人的做法，岂能以此来对待一个以身许国的仁人志士呢！"

岳飞接到诏命后，立即发动水兵渡长江。只见万帆竞发，浩浩荡荡，气势壮观。岳飞站在船头，心潮澎湃，他终于向收复大业迈出了坚实的一大步。

岳飞从军以来念念不忘的就是收复大业，就是在金军步步紧逼，宋军闻风窜逃，朝野上下笼罩在亡国灭家的绝望中时，他也坚守自己的这种信念。

他坚信，只要皇帝能卧薪尝胆，文臣武将只要各尽其责，上下一心，坚持抗战，就一定能赶走胡虏，光复大宋河山！

现在，岳飞总算使东躲西藏、将全部希望寄托在向金人求和上的皇帝下定决心，使自己得以兴师出征，夺取襄阳6郡，以营建北伐基地！他也明白，这仅仅是一个开始，全面反攻的大幕能否最后被捉摸不透、疲弱无力的皇帝拉开，现在还是很难说的。

但激昂的民族义愤是不会使岳飞悲观懈怠自己的行动的。只要自己努力争取，将来肯定有变化的！想到这里，岳飞心潮澎湃，猛地拔出剑来，向船舷击去，向身旁的幕僚慨然说道："岳飞此次渡江，如果不擒杀金人刘豫，誓不返渡！"众僚属被岳飞的情绪所激励，纷纷表示：愿随岳飞浴血奋战。

渡过长江，岳飞率军赶到鄂州城下。鄂州已被刘豫占有，派部将京超守卫。

京超作战凶猛，被人称作"万人敌"。他见岳飞兵临城下，并没放在心上，大咧咧地登上城墙。

一位部属提醒他应加紧防备才是，京超哈哈一笑，不以为然地说："人人都说岳飞厉害，今天京超我倒要看看他有什么本事！"说到这，又冲着城下狂喊道："岳飞小儿，有种的上城来，你京爷爷等着你玩几招！"

岳飞勃然大怒，立即命敢死队攻城，说："谁先登上城墙，有重赏，畏缩退后者定斩不饶！"

敢死队的勇士一声呐喊，抬着云梯，挥着大刀，争先恐后地涌上前去。京超指挥兵士拼命抵抗，放箭、扔滚木、掀梯子，击退了宋兵的第一次攻击。

岳飞稍事调整，增强了兵力，很快又发起了更为凶猛的第二次进攻。他命令弓箭手用密集的箭压制城墙上的敌军，自己亲自带领敢死战士登城。

京超由于轻敌，没有充分的防守准备，箭头、滚木和石块很快用光，而宋兵的攻势一次比一次更凶猛，渐渐地，京超已无力抵抗，宋兵已由好几处攻上城墙，与伪兵展开激烈的肉搏战。不久，城墙即被占领，城门被打开，宋兵蜂拥而进。

京超连砍几名逃兵，也没能阻止住溃败的士卒。他觉得战局已无可挽回，心里不由恐慌起来，也顾不上刚才说出的大话了，策马狂奔。

岳飞派牛皋等将在后面紧追不舍。京超觉得无法逃脱，又不愿投降受辱，便纵马跳下悬崖。鄂州被收复。

由于长期经受频繁的战祸，鄂州人起初对岳飞的到来心存疑惧，以为这不过是一场狼狗之争，老百姓只有受害的份儿。岳飞对这种情况非常忧虑。他认为，要长期据有鄂州，将它作为北伐的基地，就非得争取当地人民的支持不可。

于是，岳飞严厉地重申军纪，绝不容许有骚扰百姓的行为发生。他还四处张贴安民告示，消除人们的疑惧心理，激发人们的抗金热情，并打开粮仓，赈济饥民。这一切措施很快赢得了百姓的好感。

这一切做好之后，岳飞留下一部分士卒镇守鄂州，其余的兵分两路，一路由张宪、徐庆带领，直趋随州。另一路由岳飞自己亲自带领，直奔襄阳。

襄阳由李成亲自镇守，闻说岳飞到来，早早摆好阵势等候，希望能报前日之辱。

自从投靠金人以来，他觉得地位变化了。他现在不再是一个东游西荡的流寇了，而摇身变成了准金人了。

岳飞能战胜金人的走狗吗？所以，当李成看见岳飞，不禁狂妄地说："岳飞，你识得我的阵法吗？"

岳飞看了一眼，哈哈大笑说："李成叛贼，上次败逃后，我以为你能多少长进一点，不料越来越浑！从古至今，你见谁曾将骑兵安排在险峻的地方，相反却将步兵安排在平旷之地？难道你投降金人后，马就能在水中行走，你竟将它们排列在襄江岸边？你的步兵也变得行走如飞，敢在平旷之地和我的战马赛跑？这样最简单的军事常识都不知道，还与我谈什么阵法？"

李成被激怒，气急败坏地说："岳飞小儿，休要口出狂言，有能耐就请破我的阵吧！"

岳飞说："你这小孩玩的把戏，就是再增加 10 万人马，也用不着我亲自出马！"说完，他在马上用鞭指着骁将王贵说："你带长枪队去破敌人的骑兵！"又指着另一名猛将道："你带骑兵去冲击敌人的步兵！"

二将接到指令后，马上分头行动，牛皋率先突入李成的步兵队中，马踏刀砍，锐不可当，风卷残云般，霎时使金兵倒下一大片，敌阵大乱，互相践踏，又毙伤无数。平旷地上的步兵阵很快就被击溃。

王贵同时也向敌骑兵阵发起进攻，他们专用长枪刺敌人的马，马一中枪立即倒地，背上的骑兵一个个倒下，不是栽得头破血流，便是被杀或被擒。

敌骑兵几次想组织反扑，因岸边不利于行马，草树丛生，马无法奔跑，且经常自己绊倒，将背上的骑兵甩出好远，哭爹喊娘。王贵的长枪队大显神威，跳跃腾挪，一阵猛杀，步步紧逼，敌骑兵连连败退，慌忙中不少连人带马跌入襄江，被汹涌的水流卷走。

李成没有想到自己花费许多心思经营的战阵这么快就被击垮，不由得痛心疾首。他彻底服输了，乘着夜色，带着几百名贴身亲随，仓皇逃走了。

岳飞追赶不及，就整肃军容，浩浩荡荡地开进了襄阳城。不久，张宪、徐庆也传来消息，报告说随州已被攻占。

新野由刘豫的部将成益驻守，收集各路残兵败将，准备负隅顽抗。岳飞在襄阳稍稍休整后，即派王贵攻打唐州和邓州，张宪攻信阳郡，自己率部将，分左右两翼，包抄新野。

伪齐兵已知道岳家军的威名，远远望见"岳"字旗号，就吓得惊慌失措。稍一接战，即溃不成军，岳飞大获全胜。

李成从襄阳北逃以后，就和金国的刘合孛堇以及原在陕西的金、伪兵马会合起来，驻屯在邓州的西北，列寨30余处，要在这里和岳家军决一胜负。

岳飞探明了这些情况，就先派王贵取道光化，张宪取道横林，分路出发，由两面夹攻。继又派遣董先、王万各以骑兵伺隙突袭。

在这几个方面的会合掩击之下，李成的兵马在各条战线上都被击败，最后他又只好逃跑，仅指定其部将高仲退入邓州城内拒守。

岳家军的将士趁高仲还未安排妥帖，争先恐后登城，很快便又把邓州州城占领了。

6天之后，即七月二十三日，岳家军又收复了唐州。八月中旬，信阳郡也为岳家军所"克平"。

正当调发兵马去攻取信阳，而且有把握能够旦夕可以成功的时候，岳飞又进一步考虑今后如何巩固这些州郡的防守措施，以及如何把这些州郡建立为抗击敌、伪的前进军事基地的事。

为此，他向南宋王朝写了一道《申状》说：

今防守之策，正在乎分屯劲兵，控扼要害。飞虽已据数量差军马于逐处屯驻，然其势力单寡，难以善后。况今已近九月，天气向寒，边面尤当严备。比闻间探，虏意犹不可测。飞朝夕计虑，不敢少懈。

且以初者恢复之时，贼徒固守，倍费攻取；继又金贼刘合孛堇、伪齐李成合陕西河北番伪之兵，多至数万，并屯邓州，力拒官军。仰赖君相之祐，成此薄效。今既得之，实控上流，国势所资，尤宜谨守，不可失也。

飞所乞六万之兵，虽蒙朝廷俞允，然必待杨幺"贼"平，然后抽摘，第恐水势未减，江湖浩涨，杨幺未可措手；纵待十二月与正月间，湖水减落，便能平治，边面备御已失机会。

飞今见管军马，兼拨到牛皋、董先两项共1000余人，合飞本军都计两万八千六百一十八人，辎重、火头、占破在内。欲望详酌，令湖南留韩京、郝晸两军在潭州弹压外，将任士安、吴锡军马尽数起发，及江西军马内，令选择成头项者，勾拨三千人，湖北帅司崔邦弼、颜孝恭并拨付飞，相度分守。计此五项止是二万人，内有不堪披带、辎重、火头之数，不下三五千人。余乞朝廷摘那，以足六万之数。速赐造发前来，布列诸郡，以为久安之计。利害至重，恐不宜缓。伏望早降指挥施行。

后来，南宋朝廷基本上依从了岳飞的这些申请，并由岳飞委派官员，酌量分拨一定数量的人马，去镇守这新克复的 6 个州郡。岳飞本人则率领大军回到鄂州和德安府去屯驻，并从事休整。

南宋政府随即把襄阳府和郢、随、唐、邓、信阳划为襄阳府路，诏升岳飞为靖远军节度使、湖北路荆襄潭州制置使。凡属这一路各州县守令政绩的考核监察，也都委任岳飞相机措置。

岳飞按预定计划收复失地，为南宋建立以来第一次，是朝廷君臣所没有想到的。他们一向听惯了败兵失地的消息，因沮丧而麻木的心不免大大振奋了一下。他们称赞岳飞"机权果达，谋成而动则有功；威信著明，师行而耕者不变。久宣劳于过国，实捍难于邦家。"

岳飞受封后，又建议朝廷："金人所爱唯女子金帛，志已骄惰；刘豫悟伪，人心在宋。如以精兵二十万，直捣中原，恢复故疆，诚易为也。襄阳、随地皆膏腴，苟行营田，其利为厚。臣候粮足，即过江北剿戮敌兵。"

意思就是说要加紧襄阳等地的巩固工作，以便以此为基地随时准备北伐。

挥师北上，直捣中原

1135 年夏天，这半年多来，是赵构登基后最舒心的日子，去年秋冬，金伪联军大举进犯淮西，春天被岳飞、韩世忠等击退。

可以说，内忧外患都得到暂时的缓和。他心里高兴，特地发布了一道很长的诏书，以表彰岳家军这一新的"功劳"，并特授岳飞为检校少保，加食邑 500 户，食实封 200 户，进封开国公。

岳飞白衣起家，列校出身，10 来年间竟官至检校少保、开国公。这在一般世俗的人看来，真是飞黄腾达，青云直上了。

然而，对岳飞来说，他多年来梦寐以求的并不是这高官厚禄，而是誓师北伐，喋血沙场，"迎二圣还以京师，取故地再上版籍。"

岳飞上书表达了自己的夙愿，其他主战派大臣也纷纷提出这样的建议，可是他们不知道赵构内心的苦衷。

赵构一直记得秦桧南归后曾对他说过的话："要是恢复大功告成，二圣必将南返，陛下将何以自处？"赵构怎么舍得放弃已经坐定的皇帝宝座？

赵构一向以孝悌之君自我标榜，这一苦衷自然不便和盘托出，因此，他不得不屈从公论，由主战派大臣们去研究对付金、伪的军事规划，并命参知政事沈与求代拟手诏，假惺惺地表示："腹心之患既除，进取之图可议。"

岳飞奉到这样的手诏后，立即致力于休兵养卒，蓄锐待敌，并广泛联络中原的豪杰忠义之士，积极筹划北伐中原的大计。

当年冬天，一直在太行山坚持敌后抗金的忠义保社首领梁兴等，率领100多名骁勇的骑士，渡过黄河，越过长江，来到鄂州晋见岳飞。

岳飞就像对久别重逢的老友一般，热情地接待这位远近闻名的抗金英雄梁小哥。梁兴等向岳飞报告了沦陷区的情况和那里百姓盼望岳家军北伐的迫切心情。

岳飞告诉梁兴，北伐的时机看来已经成熟，皇上不久前已接受了主战派大臣们的意见，准备进取中原，并且把全国军队一律改为"行营护军"；韩世忠部驻屯承州，为"前护军"；刘光世部驻屯太平州，为"左护军"；吴新部驻屯川、陕甘地区，为"右护军"；张俊部驻屯建康，为"中护军"；岳飞部驻屯鄂州，为"后护军"；王彦所率领的八字军驻屯荆南，岳飞为"前护副军"。

宰相张浚兼任都督诸路军马事，已经把都督行府设置在平江府，很快就要召集各路大将，共同商讨恢复计划。

梁兴等人听了，大为振奋。

岳飞为了增强赵构的决心和信心，立即将梁兴等率部渡河来归的事情及河北的情况，奏报了朝廷。

接着，岳飞派梁兴等潜伏敌占区，联系两河民间抗金组织首领，招募乡勇，加固堡垒，以待宋军北伐。当时的抗金领袖李通、胡兴、李兴等率兵投靠，将金军的活动情况，以及山川关隘据实以告。

1136年农历正月，岳飞从鄂州防地赶往平江府，参加由张浚主持的军事会议。

南宋朝廷任命岳飞为北伐西路军的统帅，从襄阳出发，直捣中原。

多年的愿望终于实现了，岳飞兴奋的心情可想而知，正当他厉兵秣马，准备出发时，他70岁的老母突然病逝了。

岳飞悲痛至极，他对母亲的感情是十分深厚的。母亲虽然是一个普通的农妇，却深明大义，正是她老人家在自己背上刺的"精忠报国"4个大字，激励他走上抗金救国的战场。

他离开家乡以后，原配妻子刘氏改嫁，是母亲在战乱之中带着自己两个年幼的儿子岳云、岳雷辗转流离。

来到南方以后，生活也一直不安定，有时连饭都吃不上，母亲也毫无怨言，最困难的时候，母亲还捐出自己的一点家私支援军队。

岳飞对母亲也是极为孝顺的，只要军务得闲，他总是侍奉在母亲身边，端茶送水，无微不至。母亲年事已高，又不服南方水土，这几年来一直多病，岳飞亲自煎药喂药，在母亲身边连走路咳嗽都不敢出声。

母亲的去世，使岳飞沉浸在巨大的悲痛之中，一连3天，米水不曾入口，两只眼睛哭得又红又肿。他立即奏报朝廷，请求解除军职，以料理母亲的后事，不等朝廷回报，便带了岳云，扶着老人的灵柩，由鄂州西上，送往庐山安葬。

一路上，岳飞光着脚，徒步抚棺而行，沿途的官民，无不为岳飞的孝行所感动。

岳飞隆重地安葬了母亲，便留在庐山古庙东林寺里为母亲守丧。按照封建社会的规矩，父母死后，大臣必须解除职务回家，守丧3年。

可是，当时南宋的大兵已集中在江淮之间，与敌人的战争一触即发。朝廷正急盼着岳飞尽快从西路出发，粮草也都集中到了鄂州，在这样的紧急时刻，怎么能允许岳飞在家中守丧呢！

赵构一面赐给岳飞银 1000 两、绢 1000 匹，作为葬仪，一面又连发金牌谕旨，并派东宫使臣，前往东林寺，敦促岳飞立刻返回前线。同时降旨岳家军全体官兵，令他们一同促请，如果岳飞不能及时返回前线，延误军机，他们也都要受到流放的处分。

岳飞为难了，他怎么能忍心让母亲孤独地长眠在他乡异土呢！他是唯一的儿子，他不尽孝道谁尽孝道？可是国难当头，战事急迫，他作为一军的统帅，又怎么能离开战场而置身在这深山古寺中呢？

岳飞终于下定了决心。他来到了母亲的新坟前，在坟头上再添了几捧土，在灵前再烧了几张纸，焚了几炷香，跪拜道："娘啊！儿尽忠便不能尽孝，尽孝便不能尽忠，娘给儿刺字要精忠报国，儿就按娘的话去做，多杀敌人，以报答娘对儿的养育大恩吧！"

就这样，岳飞又匆忙赶回前线。当岳飞于绍兴六年七月份赶到前线时，战局已经发生了很大的变化，由韩世忠任统帅的东路军严重受挫，停滞不前，负责全面指挥这一次军事行动的宰相张浚只好改变原来的计划，由进攻转为防御。

岳飞首先派牛皋率兵去攻打伪齐的镇汝军。伪齐所派守镇汝军的薛亨素有骁勇之称，牛皋在出发之前却表示一定要把他活捉了来，献俘于朝廷。到牛皋从镇汝军胜利归来时，果然就带来了一个活的薛亨，并全歼了他的部队，只有伪齐的五大王刘复侥幸逃脱。十一月，薛亨被押往杭州的南宋王朝。

自燕京以南的地区，金人号令不行，无法控制。完颜兀术强行征召"签军"以对付岳飞，却没人响应。一贯骄横的兀术不禁叹息道："我从起军以来，从未受过这种打击！"

金大将乌陵思谋以凶悍狡诈著称，对部下的恐慌浮动也毫无办法，只能告诫他们道："你们不要轻举妄动，等岳飞来时立刻就投降。"

金军统制、统领崔庆，将官李觊、崔虎、华旺等率领部众，密制"岳"字旗帜，从北方来投降。金朝将军韩常也打算率5万众归降。

牛皋继续挥师东进，横扫颍昌府，杀得伪齐兵马溃不成军，望风披靡。

在派遣牛皋的同时，岳飞还派遣王贵、郝晸、董先等人去攻略伪齐统治的卢氏县。董先等人以前曾在虢州地区活动过，熟知当地的地理民情，所以能马到成功，不但攻占了县城，还获得敌人存储在那里的谷物有15万石之多。

占领了卢氏县城的岳家军，以此作为基地，又分兵西去而攻取了商州，东由栾川县、西碧潭、太和镇而攻取了伊阳县。伊阳与洛阳相距只有50多公里路程。

在分兵攻取商州和伊阳的同时，驻扎在卢氏县的统制官王贵还委派第四副将杨再兴等统率军马前去收复西京长水县。

这支部队于八月十三日进抵长水县界内的业阳，在那里遭逢伪齐顺州安抚使张宣赞部下孙都统和后军统制满在，拥兵数千前来拒战。

杨再兴当即分布军马，进行掩击。当阵斩杀了孙都统及其士兵500余人，活捉了后军统制满在和士兵100余人，其余残部尽皆奔溃。

杨再兴乘胜前进，于14日到达长水县界的孙洪涧，在这里又遇到张宣赞亲率2000人马隔河列阵，便又带领人马，把他们打败，张宣赞的人马四向溃散。

这天晚上二更时分，杨再兴占领长水县。他把夺到的上万马匹和10000余石粮食，全部分散给当地的官兵和贫苦老百姓食用。

在岳家军从襄阳长驱直入伪齐的统治区内之后，南宋王朝的大臣们便又怂恿皇帝赵构移驾建康，借以振作江、淮间的军事气势。

岳飞的大军既然已经出动，以张浚为首和主战派大臣们，便竭力鼓励赵构移驾建康，以鼓舞士气。赵构没有理由推辞，勉强答应在九月一日起程。这天早晨，他由张浚、赵鼎等陪同，前往天竺寺敬香，算是预祝北伐大军的胜利。

皇宫门前，仪仗、车驾都已排列得整整齐齐。赵构缓步走出宫门，同张浚、赵鼎谈着岳飞兵马出动的事。他一再强调说："这是咱们第一次主动出兵，凡事都得谨慎小心，适可而止，不能操之过急。能拿下几座城池，让金、齐不至逼人过甚，也就罢了。千万不要恋战，以免增加不必要的麻烦。"

正谈着的，岳飞的部下武翼郎李遍前来报捷："岳宣抚的大军旗开得胜，已经拿下了卢氏、长水等县，缴获了敌人大批马匹和粮草。"

赵构听到了岳家军新立的这次战功，虽很兴奋，但他却又担心这捷报有夸张失实之处。他在途中与宰相执政官们谈论此事，说道：

"岳飞的捷报，恐怕不无兵家缘饰之处。卿等可写信给岳飞的幕属，仔细叩问实情。这并非吝惜爵赏，只是要了解真相和措置机宜罢了。"

张浚知道岳飞取得的这次胜利，乃是他长时期经营的结果，便答复赵构说：

"岳飞雄心甚大。现今既已到达伊、洛，则太行山一带山寨首领必更易通谋。自从梁兴等归命以来，岳飞的意志就已十分坚决，就已着手经营进取的事了。"

赵鼎也接着说道：

"河东山寨首领，如韦铨忠等人，虽因力屈暂就金人招安，然还都据险自保，未尝下山。器甲如故，耕种自如。金人只是加以防备，实际上却对他们无可奈何。一旦岳飞能率王师渡河，那么这些人必为我用。"

从张浚、赵鼎所说的这些话语，可知他们对岳飞联结河朔的战略决策实际上还都不甚了然。

岳飞这时已对河北相州一带的民户作了很多联络工作：凡是那地区中的关隘、渡口上的车夫、舵手，以至食宿店铺中人，大都已与岳家军建立了联系，因而一切从事于反抗女真统治者的军事活动人员，在那一地区都可以"往来无碍，食宿有所"。一些出卖彩帛的铺子以及成衣铺的人，也同样有所联系，只要一朝有了实际军事行动，他们便要拿出彩帛来缝制旗帜。

赵构听了大臣们的话，遂相信岳家军所立战功，并立即下了一道《抚问诏》给岳飞说：

> 敕：叛臣逆命，屡寇边陲。长策待时，始行天讨。卿义不避敌，智能察微，密布锐兵，指踪裨将。陈师鞠旅，逆貔虎以凭陵；斩馘执俘，戮鲸鲵于顷刻。遂复商於之地，尽收虢略之城。夫瑕叔盈麾蝥弧以登，勇闻旧许；公子偃蒙皋比而犯，功止乘邱；犹能著在遗编，名垂后世。有如卿者，抑又过之：长驱将入于三川，震响回惊于五路。握兵之要，坐图累捷之功；夺人之心，已慑群凶之气。精忠若此，嘉叹不忘。故兹抚问，想宜知悉。

在南宋王朝作谏官的陈公辅，闻知岳家军所取得的这些胜利，也向赵构上了一道《论已破汝、颍、商、虢、伊阳、长水，乞预防房、叛会合之计奏札》，其中有云：

> 恭维陛下以九月初吉銮舆顺动，将抚巡江上之师，六军已行，而京西岳飞先已荡平汝、颍，既而连破商、虢，又取伊阳、长水，捷音五至，中外称快。

做江西安抚大使的李纲，在接到岳飞几次告捷的书信之后，也在写给岳飞的一封信中说道：

> 纲咨目，再拜宣抚少保麾下：自闻大旅进讨，不果通记室之问。层承移文，垂示捷音，十余年来，所未曾有，良用欣快！伊、洛、商、虢间不见汉官威仪久矣，王灵乍及，所以抚循之者无所不至，想见人情之欢悦也。所愿上体眷注，乘此机会，早建不世之勋，辅成中兴之业，深所望于左右也。

岳家军这次进军所获得的胜利果实，确实是"中外称快"，将士们的士气也十分高涨。

行军途上，秋雨绵绵，道路泥泞。将士们都赤着脚，戴着斗篷，艰苦地向前行进。岳飞也下马步行，和大伙一边走，一边谈。

张宪见岳飞没有斗篷，把自己的脱了下来。递给岳飞，岳飞拒绝了，他对大伙说："要想建功立业，就要能吃苦耐劳，经常在艰苦的环境中锻炼自己。这点雨算得了什么？"

将士们听了岳飞的话，都把斗篷从头上取下。雨愈下愈大，天色渐渐暗下了，岳飞等准备到一座寺庙中过夜。离寺庙不远的地方，有一座小山，在暮雨中宛若一堵城墙，岳飞站在庙前，望着山峦，不禁回想起 10 年前黑夜侦察燕京城的情景。

"你们可曾有人见过黄龙府吗？"岳飞指着苍茫暮色中的山峦，对部属们说："我曾经到过那座城下，那儿的城垣如同这小山一般高。这次咱们一定要杀到那儿去。以前我非常喜欢喝酒，喝醉以后，也曾做过一些错事。我死去的老母要我戒酒，后来皇上也当面劝我不要喝酒，从此我就再也没有沾过一滴。等到咱们打下了黄龙府之后，我不仅要赏赐你们两骆驼的金子，而且还要开酒戒，和你们痛饮一番！"

一名将官说："我们平时都知道宣抚志在恢复中原，今天才知道宣抚不仅要恢复中原，还要直捣幽燕。"

然而，岳飞的雄心壮志，却未得到实现。岳家军在沈、洛地区取得了军事上的巨大胜利，但是京西两路因长期战乱，人烟稀少，数万大军的供应十分困难。

岳飞将情况如实向朝廷呈报，要求增派军队，接济粮草。对于这一请求，朝廷却没有回音。岳飞分析岳家军孤军深入危险，不得不作出这样的决定：留下少量人马，以控制商州全境和虢州的部分地区，自己则率主力返回鄂州。

1136 年农历九月中旬，岳飞率部班师。他骑着骏马，走在大队人马的后面。在一座山岗上他驻马回头眺望：眼前是尚未收复的城池，和城中被奴役着的千家万户；更远的地方，该又有多少村落鸡犬不鸣，炊烟不起，百姓遭殃啊！

如今国势日张，诸将勇锐，士卒思奋，北定中原已经指日可待。可是，为什么朝廷却既不派一兵一卒来支援，又断绝了粮草的接济，使恢复大计功亏一篑呢？

岳飞真想命令大军回头与敌人决一死战，但考虑到敌人的精锐部队都集中在这里，而自己只是孤军一支，不到必要的时候，决不能让这支北伐大军的元气遭受损伤。于是，他强压下满腔的怒火，勒转马头，继续率领大军南撤。

虽然如此，岳飞仍无时无刻不坚信自己一定会夺取最后的胜利。他念念不忘地盘算着：只要全局部署得当，他的这支岳家军不但可以制胜黄河以南的敌伪军，而且可以北渡黄河，去克复幽燕。

引蛇出洞，歼敌精锐

这次北伐，岳家军深入河南，朝廷筹措粮草不得法，以致前线士卒，常受饥饿威胁，甚至饿死，这就严重影响了军队的战斗力。面对这种严峻的困难，岳飞只得忍痛撤军。已经克复的州县再度陷于伪齐的统治下，欢迎和支持岳家军的人民受到了残酷的报复。

岳飞愤慨万分，热血沸腾。他感到壮志难酬，虽然他因战功卓著屡获官爵，但这不是他的初衷。收复失地，报仇雪耻才是他孜孜以求的志愿。

岳飞回到了鄂州的官署。虢、洛之役功败垂成，他心中积满了愤怒，再加上连日秋雨，更使他闷闷不乐。

薄薄秋雨终于停止了，岳飞登楼凝望波涛汹涌的大江，往事在脑海中一幕幕浮现。从军14年来，戎马住儠，经历了大小千百次战斗，走遍了长江大河的两岸，为了北伐中原，收复失地，报仇雪耻，迎还二圣，自己出生入死，吃尽千辛万苦。

可是，整整14年了，自己和将士均还站在这大江南岸，敌人的铁骑还在中原地区纵横。虽然自己30来岁就从白衣荣升为节度使和检校少保，但个人的功名利禄又何足挂齿？自己的宏图壮志并没有能够实现！

继克复襄汉 6 州郡以后，这次又深入虢、洛，出奇制胜，全军上下的战斗情绪这般高涨，为什么却处处受到掣肘？对敌人的无比仇恨和对朝廷怯懦无能的愤慨，使他热血沸腾。

岳飞登楼眺望北方，放怀遐想，吟出一首流传千古的《满江红》：

怒发冲冠，凭栏处、潇潇雨歇。

抬望眼、仰天长啸，壮怀激烈。

三十功名尘与土，

八千里路云和月。

莫等闲、白了少年头，空悲切。

靖康耻，犹未雪，

臣子恨，何时灭！

驾长车、踏破贺兰山缺。

壮志饥餐胡虏肉，

笑谈渴饮匈奴血。

待从头、收拾旧山河，朝天阙。

1136 年冬天，狡猾的刘豫趁岳飞率主力外出支援之机，勾结了完颜兀术，以强大的兵力，分三路，向岳飞所管辖的襄阳一线进犯。这一地区只有小部分兵力，防守十分虚弱，各地告急的文书如雪片一般飞向岳飞大营。

岳飞接到情报，顾不得严重的眼疾，立即回师。留守襄阳地区的岳家军将士个个都是英雄好汉，他们在敌强我弱、外无援师的情况下，人自为战，一次又一次伏袭敌人。

等到岳飞千里急驰而回时，刘豫已将他的大部队龟缩到蔡州城里去了。

岳飞决定亲赴蔡州城查看敌人的虚实，见机行事。守在蔡州城里的，是刘复和李成、孔彦舟等人，妄图在蔡州遏止岳家军的攻势，伪齐差不多把所有的精锐部队都调集到这里来了。

为了确切地了解敌军在蔡州的城防情况，岳飞乘夜提兵去作了一次试探性的进攻。

在一个寒冷的深夜，岳家军两万人悄悄出发了，约在三更时分，部队到达蔡州城下，岳飞亲自到城下侦察，在依稀的星光下，看得出蔡州城墙又高又厚，城壕既深且宽，城头上并不见有士兵防守，只有几面黑旗竖在那里。

岳飞命令小股队伍作一次佯攻，那些黑旗便立即摆动，于是一队队伪齐军队便登城抵御，等到岳家军停止进攻时，他黑旗又撤到城下。

岳飞沉思片刻后说："看到敌人防守十分严密，强攻必然旷日持久，咱们兵少粮缺，先撤军吧！"

岳飞的部下董先说："咱们一撤，敌军一定会出来追击的。"

岳飞说："那就好了，能引出来就好打了。"

敌军果然出来追击，岳飞令董先断后。敌人的侦察兵中，有一人和董先营中的一名士兵是亲戚，他悄悄追了上来，报告说："我们知道你们岳家军号称两万，其实真正能披挂上阵的只不过 14000 人，只带了 10 天口粮。我们那边李成等 10 位大将，每人领兵 10000，早已布置好了，一定要把你们围歼，然后一直打到鄂州。我们士兵每人都发了一根绳子，统帅说了，只要捉住岳家军，便捅穿了手心，用绳子贯穿起来，10 个人一串。胜利之后，刘豫奖给那 10 位大将每人一处华丽的住宅，10名宫女。"

董先不敢怠慢，立即将这一情况报告了岳飞。岳飞笑着说："又是李成，吃了那么多的败仗，还有脸来跟我较量，我看那住宅他们住不上，宫女也享用不了！"于是找董先秘密计议一番，自己率了大军依旧撤退。

董先将自己殿后的部队分成几小股，在附近森林中隐蔽起来，自己单枪匹马，守候在一座河桥上。

此时天色已经渐亮，不一会，果见李成率了大队人马蜂拥而来，见了董先，便摇晃着手中的绳索大叫道："你别跑，今天我先要把你擒下！"

董先也大声回答："我决不会跑，只怕你会跑掉！"

看到董先如此镇定，李成倒犯疑了，莫不是四周有伏兵？他先派出一队军马来挑战。

董先一挥手，丛林之中立即冲出一两队战士前来应战，待到李成的队伍退下，董先的队伍也返回丛林之中。如此相持好久，闹得李成疑神疑鬼，进退两难，正当他举棋不定时，突然听见震天的杀声从山上传来，他抬头一看，不由吓丢了魂，只见一股铁流从山中涌出，为首的便是令他丧胆的岳元帅。他也顾不了大队，自己抢先夺路而逃，于是伪齐军全线崩溃。

逃了几十里，到了一个叫作牛蹄的地方，这才停下来喘喘气。可还未等他坐定，又是一片杀声响起，四周的山岗上，骤然之间立起了一片如林的战旗，岳家军如猛虎下山般冲了下来。

刚刚聚集起来的伪齐军，顷刻之间乱成一团，被岳家军杀得个七零八落，尸体填满山谷。李成单身匹马而逃。

这一仗，俘虏了敌军将官几十人，士兵数千人。

岳飞对这些士兵说："你们不要害怕，本帅不会像李成那样用绳子穿入手心，我知道你们都是大宋的百姓，不幸被刘豫驱赶到此，这也不是你们愿意干的。"

岳飞接着说："我现在把你们全都释放，你们见到中原父老之后，要把大宋朝廷的恩德告诉他们，等到大军前去收复中原时，大家都要随同当地的豪杰，起来响应官军。"

俘虏们欢呼起来。岳飞吩咐左右说："给他们每人发一两银子，5斤干饼，放他们回去。少数敌伪将校，则被押送临安处置。"

1137年，岳飞由于进军陈、蔡所建的功勋而受到褒扬，官阶由检校少保晋升为太尉。部将董先、牛皋、王贵等人也都得到了晋升。

撼山易，撼岳家军难

进军蔡州回来后，岳飞的眼疾一天好似一天。他从病痛的折磨中解脱出来，便以更加旺盛的精力来整军储粮，并进一步加强"连结河朔"的工作。

前线战事的暂时缓和，使岳飞得以静下心来认真总结不久前两次大战的经验教训：一次是进军河、洛，虽然出奇制胜，接连打下了卢氏、长水、颍昌、上洛等许多县城。但是终以钱粮不继，不得不将前线的兵马撤回。

另一次是进军陈、蔡，尽管一直打到了蔡州城下，又因为全军只带了10天粮食，无法持久作战，不得不再次撤军。兵马未动，粮草先行，这对于北伐用兵，确是直接关系到能否取得胜利的重要因素啊！

几年来，岳飞详思极虑，渴望能解决部队的给养问题。3年前，他就开始利用荒地，进行营田。他将无主的土地划作官田，交给百姓耕种经营，并设法帮助他们解决缺乏种子、农具、耕牛的困难。

收获以后，官家与百姓分享成果。这办法已初见成效。不久前岳飞兼任了营田大使，便抓紧进行大规模的营田，以弥补岳家军10

万将士及其家属供应的不足。

据当时的有关记载，岳家军在 1138 年每月用粮 70000 多石，而营田所得稻谷每年可达 18 万石以上，足供全军两个半月的需要。

岳飞还选派李启等精明能干的经济人才，负责官府和军队开设的槽坊，并进行商业活动，每年可获利 158 万贯钱。岳家军每月支出钱 56 万贯，此数可供 3 月之需。岳飞不但花了很大的气力去开辟财源，解决部队的给养问题，而且从不像别的大将那样克扣士兵的粮饷。

有一次，幕僚黄纵和一位士兵谈起部队的给养问题，那士兵说："独有岳宣抚军中给养规定多少就实得多少，从不减克一文。"

宋朝统兵的武将一向俸禄优厚，节度使每月"禄粟"150 石，"料钱"300 贯，还有数以千、万贯计的公用款。因此，不少大将如刘光世、张俊等人的生活，都是穷奢极欲，连韩世忠也不能避免。

岳飞当时虽已官至太尉，既有武胜定国军节度使的虚衔，又有湖北京西路宣抚使兼营田大使的实职，可是他却自奉甚薄，始终与士兵同甘共苦，保持艰苦朴素的生活作风。

宋代的文武大臣大多蓄姬纳妾，沉迷酒色，即使像韩世忠这样的爱国名将，也在所难免。据史书记载：建炎二年，玉渊、张俊和韩世忠为争夺一名周姓的女子，竟至杀害了宋朝的宗室赵叔近。绍兴十年，呼延通因与韩世忠争夺名妓韩婉，而被迫自杀。至于刘光世等，更是姬妾满堂，纵情享乐。唯独岳飞只与李氏夫人情深意笃，直到他殉难之时。

有一次，川陕宣抚使吴玠，派遣一名使者到鄂州洽商军务。岳飞在军营设宴款待。使者以为岳飞也同抗金名将吴玠一样，必然会在宴席上以歌妓来情酒助兴，不料直到宴罢席终，陪客的只有将佐和幕僚，却不见一个女子。他回去后，将此情况告诉了吴玠。

吴玠为了讨好岳飞，特地用 2000 贯钱买了一名美女，并委派两位亲信部下的妻子把美女送到鄂州，赠予岳飞。

岳飞先不与美女和两位陪送的夫人见面，而是将她们安置在一间居室中，隔着屏风对她们说："我这一家人，穿的全是布衣，吃的全是粗菜面食，女娘子如能过得惯这种生活，就请留在这里，如果不能，则不敢相留。"

岳飞终于连那美女的面都没有一见，就将她退了回去。有人说川陕与鄂州毗邻，劝岳飞留下美女，可以和吴玠搞好关系。岳飞认为，"国耻未雪"，决不是"大将宴安取乐"之时，而坚决加以拒绝。

岳飞屡建战功，皇帝赏赐甚丰。他常常将朝廷所赐，或分赠有功的部将，或犒赏有贡献的军士。

有一次，岳飞命人将自己家里许多值钱的器物变卖，用所得的钱款制作弓箭，供部队使用。幕僚黄纵对他说，作战使用的兵器，理应用支付官府的公款去制造。

岳飞听了，淡淡地回答说，请求拨官费制作兵器、手续繁多，要上好几个札子，方能求得若干拨款。现在既然军队急需，还是由自己宅库中设法支付吧！

赵构为了笼络岳飞，准备拨出一笔款子，为他在临安建造一所比较像样的府第。岳飞引用汉代名将霍去病的典故，再三辞谢说："敌酋未灭，作为臣子不能过多地考虑这个问题。"

岳飞的部队每次安营扎寨的时候，他命令将士下陡坡跳战壕，将士们都穿着厚重的铠甲练习。岳飞的儿子岳云曾经练习下陡坡，马失蹄了，岳飞愤怒地拿鞭子抽他。

兵卒里有拿百姓一缕麻用来绑草垛的人，岳飞立刻斩杀了他来遵循法令。士兵们晚上休息，百姓开了自家的门愿意接纳他们，没有敢进入的兵卒。

岳飞部队的军号是"冻死不拆屋，饿死不打掳。"士兵有疾病，岳飞亲自为他们调药；各个将士到远方戍边，岳飞派遣妻子问候慰劳他们的家属；死于战事的士兵，岳飞为他们哭泣而且养育他们的孤儿，或者把儿子和他们的女儿婚配。大凡有颁奖犒赏，平均分配给军官小吏，一点都没有私心。

岳飞擅长以少胜多。他想要有所举动的时候，就全部招集各个统制来一起谋划，决定了计谋以后再战斗，所以只有胜利没有失败。他突然遇到敌人的时候，就按兵不动。所以敌人说他们是："撼山易，撼岳家军难。"

张俊曾经问岳飞用兵之术，岳飞说："仁义、智慧、信心、勇气、严格，缺少一样都不可以。"他调配军粮，一定会皱着眉头说："东南百姓的力量，消耗凋敝得很严重。"

荆湖平定，招募农民经营田地，又作为屯田，每年节省一半的漕运。皇帝亲手书写曹操、诸葛亮、羊祜 3 人的事迹赏赐给他。岳飞在文章后题跋，单单指出曹操是奸贼所以鄙视他，特别被秦桧所讨厌。

张所过世了，岳飞感念他的旧恩，养育他的儿子张宗本，上奏请求给他一个官职。李宝从楚地来归顺，韩世忠留下他，李宝痛哭着要归顺岳飞，韩世忠用书信来告诉岳飞，岳飞答复说："都是为了国家，何必分你我呢？"

岳飞每次推辞官职，一定说："将士们效力，岳飞有什么功劳呢？"但是忠心悲愤太激烈，发表议论保持正直，不因别人而挫败，就因此得到了祸患。

岳飞有个舅舅姚某，平时倚仗岳飞的声望，胡作非为，侵掠百姓。岳飞知道后，不便亲自责罚，就告诉母亲，让她出面说明。姚某恼羞成怒，认为岳飞妄自尊大，冒犯尊亲，就想伺机报复，一次与岳飞同行，至无人处，突然催马向前赶了几步，取下弓来，转身就射岳飞，慌张之下，射在马鞍上。

岳飞大怒，飞马上前，将正要放第二箭的舅舅掀下马来，用佩刀一刀砍死。岳飞的这个举动在当时引起巨大反响，很多人认为岳飞罚不避亲，为民除害，从而对岳飞更加敬畏起来。

当然也有人认为岳飞过于绝情，就是深明大义，亲手在岳飞背上刺下"精忠报国"4字的岳母也一时不能原谅他，并对他大行家法，让他跪在祖像前，怒声呵斥。但不久，她就慢慢想通了，原谅了儿子。不如此何以服众呢？众人不服又怎能报国呢？

除有过必罚外，岳飞还有功必赏，善待士卒。一个严冬的日子，岳飞的一个幕僚在军营巡视，发现一个士卒衣着单薄，在寒风中冻得直发抖，便上前问道："你的上司是不是克扣了你的军饷？这样寒冷，难道没有怨言？"

士卒却回答说："其他将领经常克扣军饷，自从跟随岳宣抚以来，从来没发生过这种事。他从未克扣过我们一文钱。我之所以穿得单薄，是由于家累太重，所得军饷大半都接济了家人的缘故，我感激都来不及呢，哪能忘恩负义，抱怨岳宣抚呢？"

请求解职，退居庐山

冬去春来，转眼到了 1137 年 2 月，岳飞带了部分亲兵，快马加鞭，兼程赶往平江府。他是在接到朝廷命他"前来行寨奏事"的省札后，前往接受赵构的召见。

赵构为什么一再要三省、枢密院以省札传达他的旨意，命岳飞到行寨平江府奏事呢？这还得从刘光世的问题说起。

刘光世是南宋三大武臣之一，另外两人为韩世忠和张俊，但刘光世骄惰贪鄙，胆小如鼠，在对金、伪齐的战争中毫无建树，而且一再误事，数万大军白白消耗国家大量钱粮，引起了朝野的普遍不满。

迫于舆论的压力，赵构解除了刘光世的兵权。刘光世的部队被称为淮西军，是南宋军队中的主力之一，把它交给谁呢？赵构最先想到的是岳飞。

当时，岳飞已升格为宣抚使，这是一个与宰相平级的官职，而他的太尉头衔又是武臣中级别最高的，他与刘光世的地位已经相同，由他来代替，自然更合适。

1137 年 3 月，岳飞收到了两份文件，一份明白指示，刘光世所统官兵 52312 人、马 3019 匹，都交给岳飞指挥。另一份文件是赵构亲自写给刘光世部将王德等人，而要岳飞转交的"御札"，赵构明确指示他们今后听从岳飞的号令。

接着，赵构召见了岳飞，亲自对他说："中兴之事，朕全部委托给你，除了张俊、韩世忠以外，其余部队都由你节制。"

这意味着，除了张俊、韩世忠二人的部属，其余朝廷所有部队都归岳飞指挥，这些军队加在一起约有十六七万人，而张、韩两支队伍加在一起才只 10 万人。

对于皇帝如此的信任和器重，岳飞万分感奋，他决心更加尽心竭力报效皇上，于是很快便向赵构呈送了一份恢复中原的大计，计划用 3 年时间，全部收复失土，使皇帝重返开封故都。

赵构读了以后亲笔批示说："有你这样的大臣，朕还有什么可以忧虑的，进军的事由你安排，我不干预。"

正当岳飞准备接受刘光世的部队时，赵构忽然变了卦，给岳飞写了一封亲笔信说："原来交由你转给王德的那份'御札'，等到朝廷发布正式文件之后再作处理。"

岳飞看出皇帝要反悔，便去找宰相张浚询问其中的原委，因为张浚原来也是同意由他接管刘光世的淮西军的。

哪知见面之后，张浚仿佛根本不知道有过这么一回事，先发制人地问道："淮西军交给王德去指挥，我再派吕祉去给他做参谋，你看怎么样？"

吕祉现任兵部尚书，是张浚的心腹。岳飞已完全明白了张浚的心思，他是想把这支部队控制在自己手里。

为了抗金大计，岳飞也顾忌不了得罪张浚，直率地回答："淮西军有许多叛将盗贼，这些人反复无常，王德与淮西军的另一位将领郦琼的地位不相上下，现在让他受王德的指挥，他必不服气。吕尚书虽然很有学问，不过不大懂军事，不能服众，我看还是另选一名大将去掌握这支部队，才能稳定军心，要不然会出乱子的！"

张浚又问："张俊怎么样？"

岳飞回答说："张将军是一名老将了，原来是我的上司，我了解他，他脾气急躁而且缺少谋略，郦琼等人也不服他，未必能镇得住！"

"杨沂中呢？"

"杨沂中与王德地位相同，怎么能去指挥他？"

张浚恼怒了："我早就猜出你的意思，这支军队是非交给你不可了！"

岳飞也气愤地回答："宰相既然问我，我自然应该说出我的看法，我并不是非要这支军队不可！"

两人不欢而散。岳飞怀疑是张浚从中作梗，便亲自去谒见赵构，作最后的一次争取。赵构一见他，却明知故问："按照你的计划，恢复中原得要几年？"

岳飞如实回答："大约得三年。"

赵构沉下脸说："我现在住在建康，正依靠淮西军来保卫，如果你把他们调去收复中原，万一收复不了，连建康和杭州的安全都保不住，这就严重了！"

赵构这是在威胁。岳飞看出来了，皇帝和宰相事先已经串通好了，事情已经毫无希望，一腔热血顿时凝成冰团。

岳飞怀着极度失望的心情离开建康，返回他的襄阳防区，当他乘船沿江而上时，心潮也如同大江一样起伏难平，默默思忖着这次变化的奥妙。

看来朝廷对他手握重兵很不放心。宋朝自立国以来，就对掌握兵权的武臣怀有猜疑和恐惧，开国皇帝宋太祖"杯酒释兵权"的故事，为以后的皇帝确立了一个准则，从此宋朝重文不重武，因此一百多年来，对异族的侵凌，只是一味求和退让，划地送钱，失去了一个泱泱大国应有的尊严。

到了如今，在经历了亡国破家的惨痛之后，正是需要发奋图强之时，朝廷对武臣还是这样地不信任，莫非以为他岳飞掌握了大权之后，会有什么不轨之举吗？朝廷这样的不理解他、猜疑他，使他感到十分痛苦。

当船经过江州时，岳飞想起了安葬在江边庐山上的母亲。一年多以前，他尽忠弃孝，匆匆拜别母亲的坟茔，此后在沙场奔走，他再也未能来母亲的坟前祭扫，对母亲的深深负疚之情向他袭来，他慨然叹道："该尽一尽对母亲大人的孝道了！"

于是，岳飞修了一道奏章上报朝廷，请求解除军职，退居庐山，继续为母亲服丧，也不等朝廷的回复，便舍舟登岸，回到庐山东林寺旁。

对于岳飞的辞职，赵构以为是对他的不满、不敬，很是恼火。可是一些有正义感的大臣认为这完全是由于皇帝的出尔反尔、举措失当造成的，因而为岳飞打抱不平。

赵构担心由此引起大臣的人心离散，再说岳飞确是一位不可多得的大将，以后还很需要他，便封还了岳飞的奏书，并亲自写信表示挽留。

岳飞寒透了心，他再也不相信赵构那些冠冕堂皇的话了，他执意不再出山，赵构连下三道"御札"都未能说动他。

岳飞这样地不肯听命，赵构真的动怒了，他以朝廷的名义，给岳家军的参议官李若虚、统制王贵下了一道严厉的命令，要他们亲自去请岳飞返回军营，若是请不出，就要将他们及岳家军的其他将领军法从事。

李若虚、王贵来到东林寺拜见了岳飞。

王贵说："岳帅，自你走后，张浚派了他的心腹张宗元来接管军务，看样子想把咱们吞下去，众将士纷纷不安，人心混乱，你若再不回去，咱们岳家军可就要解体了！"

岳飞感叹说："他们愿接管就让他们接管吧！我岳飞不带一兵一卒，他们大约也就放心了。"

李若虚看出来，不把话说重些，很难说动岳飞，便严肃地说："将军这样一再抗拒朝命，决不是一件好事，朝廷必然会怀疑将军，将军原来不过是河北一农夫，受天子的委托，得以挂帅统兵，将军难道以为自己能和朝廷相对抗吗？将军执意不服从朝命，我们势必受刑而死，我们多年来追随将军出生入死，究竟有什么对不起将军的地方？如果我们真的因此而死，将军难道不感到羞愧吗？"

面对着这些和他并肩战斗的部将，岳飞动摇了。终于返回襄阳赴任。可是从此赵构和岳飞之间出现了裂痕，而这道裂痕又因一件新发生的事情而继续扩大。

对于岳飞的巨大的声望，宋高宗很是不安，他不敢将更大的兵权交付给岳飞。

上书奏请立太子

由于赵构、张浚的举措荒谬，终于导致了淮西军的叛变，郦琼杀了吕祉，裹胁了淮西军近 10 万名官兵及眷属投降伪齐刘豫去了，张浚因此被免去了宰相的职务。

事实证明了岳飞是完全正确的。可是，岳飞下山以后，还不得不一再向赵构上书请罪。

就在岳飞返回襄阳上任不久，得到了一个情报：金人对伪齐皇帝刘豫已经失去了兴趣，要将系在北方的宋钦宗的儿子赵谌送回开封，立为皇帝，形成南方、北方两个赵姓的宋朝皇帝，早在北宋灭亡以前，赵谌已被立为皇太子，因此，从皇位继承制度来说，赵谌也是十分合法的。

可是，如果这一阴谋得逞，势必会在拥护赵宋王朝的臣民中引起混乱，甚至导致分裂，岳飞对此深感忧虑。

1137 年农历九月间，岳飞奉诏去建康奏事，和他同去的有随军转运使薛弼。在船上，岳飞向薛弼严肃地说道："我这次入朝，还要向皇上奏请一件有关国家根本的大事。"

薛弼看他说得如此认真，忙问是什么事。

岳飞将上面的情况告诉了薛弼，说："我想请皇上将建国公正式立为太子，这样金朝的阴谋就难以实现了。"

建国公叫赵伯琼，即后来的宋孝宗赵眘，他是赵构的侄子。15年前的一个深夜，当赵构在扬州的行宫中拥着妃子寻欢作乐时，突然听说金人的大军兵临城下，受了惊吓，从那以后，便失去了生育能力。几年以前，他将赵伯琼迎进宫中收养，很明显是要立为继承人的。

立太子是封建皇朝的一件头等大事，立谁，在什么时候立，只能由皇帝本人决定，一般大臣不宜过问，否则便会落下个"阴谋废立"、"离间骨肉"、"巴结皇子"等可怕的罪名，更何况赵构此时才31岁，谁知道以后还会出现什么情况呢？薛弼不便多表态，只是告诫岳飞要慎重。

船沿着长江顺流而下，岳飞却无心观赏两岸绚丽的秋色，终日在船中握笔习字。岳飞虽然是名武将，闲暇时却常好写诗填词，也常练习书法，他的行书、草书写得都是很不错的，不过这一回他却在一笔一画地练习端正的小楷。

原来，岳飞习写的正是请立赵伯琼为太子的奏书。

薛弼看到岳飞如此认真，不禁有些替他担心，劝告他道："足下身为大将，对这种事情还是少过问为好！"

岳飞明白他的意思，不过他自觉心地坦荡，便答道："我身为大臣，受皇帝厚恩，不应当有那么多的顾忌。"

到了建康，入朝奏事以后，岳飞便取出了他的奏书，对赵构诵读起来。他过去同皇帝所谈，全是用兵打仗的事，自然应对如流，而现在诵读的，却是有关政治方面的事，他毕竟不大熟悉皇家有关这种事情的种种规定制度，而且他对提出这种事究竟合适不合适，心中也不大有底，这么一犹豫，读的时候便有些结结巴巴。

这时，一阵微风吹来，手中的奏纸随风抖动，仿佛岳飞的手在颤抖一样。这种异于往常的表现，使赵构不由得猜疑起来：岳飞为什么这样紧张？

听完奏书的内容，赵构不由得警惕起来，联系到在淮西军归属问题上岳飞的种种作为，一片阴影笼罩上心头：莫非有叛我之心？这种武将若是有了二心，那就太可怕了！但他毕竟只是猜疑，并无根据，他也不好发作，只是脸色十分阴沉地说："你是一个手握重兵的人，不应当参与朝廷中的这种事情。"

过去每次陛见皇帝，都是在他取得大胜或受命出征之时，从皇帝那儿听到的，都是奖谕和鼓励的话，何曾有过像今日这样含有怒意的警告！这话似乎证实了岳飞的想法，皇帝对他握有重兵很不放心。岳飞的心情更加沉重了。当他退殿之时，面色如同死灰一般。

赵构接着召见了同岳飞一起来的薛弼，问及岳飞的近况。薛弼回答说："臣在岳飞帐下供事，从来不见他同别人议及此事，他这一次密奏，也是自己在船中自撰自抄的。"

赵构这才放心了些，不过，他在同新任宰相赵鼎谈话时，还是表示出了忧惧之心。

赵鼎立刻找到薛弼说道："岳飞怎么能这样不知分寸，他身为大将，领兵在外，怎么能干预这种朝廷大事？你去对岳飞说一声，这可不是保全自己功名、善始善终的做法！"

事情就这样过去了，但是，赵构同岳飞之间的鸿沟却因此而更加深了。

欲进不得，欲罢不能

淮西兵变，朝野大哗，张浚不得不引咎辞去宰相和都督的职务。相位的空缺由谁来填补便成为了一个问题，赵构首先考虑的人选是秦桧。

5年前，秦桧因"专主和议，沮止恢复，植党专权"，受到弹劾而被罢相。直到这年春天，因张浚和赵鼎意见分歧，无法共事，赵鼎辞职，秦桧才出任枢密使，地位仅次于张浚，赵构询问张浚对秦桧的看法，张浚回答说："我最近和他共事，方始知道此人昏庸不明。"

赵构于是决定起用赵鼎担任宰相。他要赵鼎决定秦桧的去留问题，赵鼎却认为秦桧不可去。赵鼎虽然不反对降金，但并不是一个富有进取心的人物。他原先与张浚的分歧之一，便是张浚力主将行寨迁往建康，而他则图谋撤回临安。

秦桧一贯主张投降，因此在行寨后撤问题上，同赵鼎的意见不谋而合。秦桧既然留在朝廷中，并且仍旧担任重要的职务，这就使得投降派渐渐占了上风。不久，就"议定回队"、"复幸浙西"，小朝廷终于回到了临安府。

当时，宋金对峙的形势又发生大的变化。自从金太宗完颜晟于1135年春病死，由完颜亶继承帝位以后，以往炙手可热的军事首脑粘罕，遂逐渐失势。

当年秋天，粘罕因罪被处死，伪齐刘豫失去了靠山。九月中旬，金朝的尚书省和元帅共同向金熙宗完颜亶上了一道论劾伪齐的奏章，建议将他废黜。金朝皇帝准奏。

金熙宗的批复下达时，正巧刘豫想再次发兵攻宋，派人向金乞求相助。金廷即以召开军事首脑会议的名义，诱俘了刘豫之子刘猊，接着又派骑兵将刘豫捕获，然后正式颁发诏令废黜刘豫，取消伪齐。于是，伪齐的文臣武将，如知临汝军崔虎、知蔡州刘永寿、知亳州宋超、统制官王宗等，纷纷反正，率众归附南宋，其中大部分投奔了鄂州岳家军。

金朝首领根据这一形势，进一步采用"以和议佐攻战"的策略，向宋廷呼吁和谈，并表示可以考虑归还黄河以南的地域，以及徽宗的梓宫和赵构的生母韦氏，甚至还放出风声说，准备释放钦宗回汴京等。

时局的急据变化，为宋军北伐提供了大好时机，满朝文武大多企盼赵构能采取果断的行动，岳飞更是火速上书请缨北伐。

然而，赵构这个宋廷最高决策者的想法却完全不同。他一怕宋、金之间失去了伪齐这一缓冲势力，更容易发生直接的军事冲突；二怕万一金方果真将钦宗赵桓放回，自己的皇帝宝座就难以稳固。因此，他坚决反对北伐，主张议和。

为了与金人达成和议，赵构进一步重用秦桧，于1138年农历三月委任秦桧为右仆射、同中书门下平章事兼枢密使。秦桧原是金派遣来的内奸，对于赵构的屈膝求和路线，当然极尽出谋划策之能事，很快便与金廷接通了关系。

当年五月，女真贵族决定派遣使臣乌陵思谋前来临安府，商谈议和事宜。消息传来，南宋朝野顿时"物议大汹"。

群臣纷纷表示，对金廷的使臣千万不可深信。反对和议的汹涌浪潮，弄得赵构很不高兴，常常大发脾气。宰相赵鼎虽然怯懦，可也不赞成投降，因而辞职。秦桧正好取而代之。

乌陵思谋等人到了临安府，态度十分傲慢，提出只有赵构答应自动取消宋的国号，承认作为金国的藩属，并向金主称臣纳贡，和议才能达成，赵佶的棺木和赵构的生母韦氏才能送还，原刘豫管辖的地盘才能划归赵构统治。

赵构和秦桧竟不顾大臣们的坚决反对，同意接受女真贵族的全部条件，随即指派王伦为使臣，随乌陵思谋等人同去金廷。

女真贵族见赵构已经答应全部条件，便委任张通古为诏谕江南使，萧哲为明威将军，携带"诏书"出使江南。他们竟然规定了宋廷迎接的礼仪："接伴官"在迎接时必须跪膝阶台；州县官必须望"诏书"迎拜；赵构则必须脱下皇袍，改穿臣服，北面跪拜，接受"诏令"等。

这完全是把宋廷看作自己的属国，而根本不是来讲和的了。

消息传来宋廷，再次引起朝野大哗。大将韩世忠、枢密副使王庶、吏部侍郎晏敦复、吏部员外郎许忻、枢密院编修官胡桂等人，或争相上疏，或见赵构，陈述利害，据理力争，坚决反对与金人和议。

赵构、秦桧等却依然一意孤行。赵构假惺惺地对群臣说："如果能使老百姓免于兵戈之苦，而得到安居乐业，朕并不计较个人受委屈。"

秦桧则厚颜无耻地说："我是为了国事，就是死，也不回避，难道还怕怨谤吗！"

为了压制群臣的反对意见，他们罢黜了枢密副使王庶的官职，严厉处分了枢密院编修官胡桂，并再三降诏表明朝廷"屈己就和"的决心既定，已经无法变更。

腊月二十四日，张通古和萧哲终于被迎进临安府。秦桧将他们安置左仆射府下榻。

采用什么方式使张通古把所得国书递交出来，这成为自张通古进入临安以来，南宋王朝的君臣们朝夕发愁的一个问题。

他们最感到为难的，是赵构要亲自跪拜在金使面前接受一事。以为这使赵构在南宋臣民面前丢脸太甚，继此之后，还有何等脸面对南宋军民发号施令、作威作福呢？

然而赵构本人，却已经有了思想准备。他回想到建炎三年从明州逃往海中的事，那时候，赵鼎是御史中丞，他却主张与金人划江为界；他甚至还心甘情愿地留在明州充当接伴金使的人，要与金人磋商划江为界的事。只因后来金使未来，所以此议未能实现。

这件往事说明，那时即使有意要向金人跪拜，还苦于得不到机会呢！

有了这番回忆之后，赵构便认为，若不得已而亲自跪拜在金使面前接受其国书，也没有什么不可以的。因此，他有一天竟声色俱厉地向李谊等人发牢骚说：

"士大夫不应该只为自己着想，为了百姓，朕就是百拜也没有关系。"

这话虽是直接针对着赵鼎而发的，实际上却也是说给日前所有不同意屈膝投降的人们听的。李谊便乘机提议说：

"这件事是不是召三大将来商议一下？我们总应该商量出一个最妥善的办法才好。"

赵构不吭声，过了半晌又说道：

"王伦本是专为求和出使金国的，到今天他却又首鼠两端，动摇起来了。秦桧素来主讲和之议，现今却也上表待罪，他们都是这种态度，我去找谁商量啊？"

这些话语，表明赵构对于屈膝投降的事是如何地死心塌地，还表明，倘若一定要他亲自跪拜接受金的国书，他也已有了充分的精神准备，也就是说，他一定会照办。

然而南宋王朝的臣僚们，包括那些力主投降的人们在内，却总认为这是过分丢脸的事，总应当尽量避免赤裸裸地进行那样的表演才好。所以，在朝堂上聚议此事时，有人便建议说：

"既然北面拜受金人诏书，已成为无法改变的事，那就最好把我朝祖宗的'御容'都陈列出来，而把金人的'诏书'置于祖宗'御容'中间，这样，就假称是在跪拜祖宗御容，面子上也过得去。"

大臣们纷纷议论了好几次，却终于还是作不出最后的抉择。

秦桧在全朝大臣的压力下，表面上上表请罪，实际上还在积极筹办有关对金投降的全部事体。

在如何接受金朝国书的这件事上，秦桧在家中和宰相府里，也是天天议论。有一天，给事中楼炤向他建议道：

"《尚书》上有'高宗谅闇，三年不言'，'百官总已听于冢宰'的记载，皇上目前也正在守丧，丞相岂不正可引此为据，代替皇上去跪拜接受这份'国书'吗？"

秦桧听了这些话语，恍然大悟。于是，他和赵构商定，由他以宰相身份去跪拜接受金朝的"诏书"，赵构则躲在深宫中，不用亲自出场。

然而，在张通古提出的要求当中，除了要皇上跪接"诏书"外，还包括在接受了"诏书"之后，要把它安置在皇帝的专车"玉辂"当中，送往南宋的朝廷，把它收藏起来。并且要来的文武百官们，一部分在玉辂之前引路，另一部分则在玉辂之后护从。

这些也必须照办不误。

腊月二十八日，秦桧作为赵构的代理人，到左仆射府去拜见了张通古，并且跪拜接受了金国的诏书。

他敬谨遵守张通古的旨意，在事前就把"玉辂"安置在馆门之外，并且叫三省中的一些吏员分别穿上绯色的或绿色的服装，腰间各带银鱼，装扮成一般官员模样；枢密院的一些吏员则穿上紫色服装，腰间佩带金鱼，装扮成更高级官员模样，等到"诏谕江南使者张通古"出来之后，或作前导，或作扈从，一路上既护卫金的诏书，也护卫金的使臣。

接受了金朝的"诏书"，亦即承认了南宋只是金朝的藩属，承认了金、宋之间的君臣关系。"诏书"中的语气，早已把这种君臣上下之分充分表现出来，它不再像以前的国书那样，把南宋视为对等的国家，就是对赵构也开始直呼其名了。

对此，南宋赵虹之在他的《遗史》中说道：

> 通古所持用，其辞不逊。上皆容忍之！

意思是说，张通古对待赵构极尽侮辱、傲慢之能事，但赵构都能容忍。

绍兴九年初，赵构下诏说：

> 大金已遣使通和，割还故地，应官司行移文字，务存
> 两国大体，不得辄加诋斥。布告中外，各令知悉。

金朝的诏书早已不把南宋作为对等国家看待，其中又全是以上

临下的语气，亦即南宋人所说的"其辞不逊"，可见在金朝一方原无所谓"存两国大体"这一概念，而赵构此诏，无非要限制南宋所有具有国家民族意识的臣民，再不要对他和秦桧的屈膝投降行径加以讨论和非议。

到正月初五日，赵构又下了第二道诏书说：

> 朕以眇躬嗣承丕绪，明不能烛，德不能绥，为人子孙不能保其所付，为人父母不能全其所安……
>
> 上穹开悔过之期，大金报许和之约：割河南之境土，归我图舆；戢宇内之干戈，用全民命。自兹爱养士卒，免罹转战之伤。

在这一道诏中，赵构虽然掩盖真相，欺弄国人，并极力形容金朝对宋怎样的皇恩浩荡，然而只因有"上穹开悔过之期"一句，却仍使金朝贵族大为不满，以为不应当归德上天而不归德金人。

赵构在颁布这道大赦诏令之后，接着又派遣韩肖胄去金国回访，派遣王伦去作交割地界的专员，派遣方庭实去宣谕汴京和西京洛阳、南京归德、北京大名诸地。

派遣周聿、郭浩去宣谕陕西，派遣郭仲荀去做汴京的守臣，派遣皇亲赵士褭、张焘去河南"恭谒祖宗陵寝"，还派遣楼炤到永兴等路去"宣布德意"。

以上所派遣的七种使臣，全都随身携带了数量浩瀚的官吏兵民同往，每种使臣的开销都不下 30 多万贯，总而计之，其所费至少应在 200 万贯以上。

赵构、秦桧在搞成了丧权辱国的对金投降罪恶勾当之后，竟是那样的得意洋洋，那样拼命地扩大宣传，其目的只是企图此后能顺顺当当地仰承金人的鼻息，对东南半壁的人民继续进行其政治压迫和经济剥削，他们已不知羞耻为何物了。

南宋王朝绍兴九年正月五日的赦书，于一周以后的正月十二日递送到鄂州的岳家军营。

赦书中所谈到的"新复州郡"的一部分，即西京河南府一带，原即划归岳飞的辖区之内，按照定例，岳飞应当在接奉这道赦书之后上表致谢。

岳飞就利用这一机会，委托幕僚当中那个出身河朔、豪侠尚气的张节夫撰写了一封谢表：

今月十二日准进奏院递到赦书一道，臣已即躬率统制、统领将佐、官属等望阙宣读讫。

观时制变，仰圣哲之宏规；善胜不争，实帝王之妙算。念此艰难之久，姑从和好之宜。睿泽诞敷，舆情胥悦。臣飞诚欢诚忭，顿首顿首！

臣幸遇明时，获观盛事。身居将阃，功无补于涓埃；口诵诏书，面有惭于军旅。尚作聪明而过虑，徒怀犹豫以致疑：谓无事而请和者谋，恐卑词而益币者进。

臣愿定谋于全胜，期收地于两河。唾手燕云，终欲复仇而报国；誓心天地，当令稽颡以称藩！

岳飞虽自称是"奉表称贺"，其实这与其称作"贺表"，远不如称作"抗议书"更为确切。

贺表突出地表达了这样的意思：

金人是不可怕的，为了暂时解除国家的危险而与他们签订盟约，还是可以的。如果要使宋廷受到了四夷的尊重，这就不是长远之计了。臣身为大将，因为没有建立什么劳功，口诵诏书，感到万分惭愧。

对于国家的前途，仍然表示深切的关心和忧虑，唯恐无缘无故而主张向敌人请和的小人，将要因此置身朝廷而受到重用。为此，臣愿意继续麾军北指，渡过黄河，收复燕云，为国复仇。

这道所谓《贺表》，悲愤激昂，壮怀激烈。它迸发出多年来郁结在岳飞胸中的积愤，也凝聚着全国亿万人民从丹田释放出来的心声，因而更能激励人心，鼓舞士气。在它传播出来之后，立即被人们传诵在口。

由于岳飞大军在握，而这支大军又是当时最精锐的劲旅，所以他在《贺表》中写进了这样一些话语，也更显得格外响亮，格外雄壮。它给予所有具有民族意识的南宋人民和官僚士绅以极大的希望、信心和力量。

然而也正是因为如此，便又惹得秦桧、赵构等民族败类对岳飞恨得咬牙切齿。

具有反抗恶潮逆浪的勇气，并挺身而出与之搏斗的人，是最应赢得世人尊敬的人，而岳飞用其全副身心精力与之搏击的，却正是当时最大的逆浪和恶潮。

绍兴九年正月十一日，南宋王朝为了庆贺"和议"的成功，把京湖宣抚使岳飞和川陕宣抚副使吴玠的官阶都晋升为从一品的开府仪同三司。

朝廷在晋升岳飞的《制词》中，把岳飞与西汉的卫青、霍去病和东汉的岑彭、贾复相比，说他临敌有智略，决策若神明。全文虽都是褒奖之词，却又全都没有超出岳飞和岳家军的实有的军功之外。

这样的一道褒奖诏令，其用意是对岳飞进行笼络，使岳飞不要再对这次的所谓"和议"从中作梗。

然而，赵构、秦桧所企求的这一目的，不仅没有达到，相反，岳飞还借用"辞免"的机会，对这次所谓"和议"进行了又一次无情的抨击：

　　　　臣初捧制文，尚怀疑惑：岂谓非常之典，遽及无功；又于二月十四日准本司往来干办官王敏求差人资到前件告一轴，乃知朝廷以逆虏归疆，而将闻之寄例进优秩。不唯臣一己私分愈切惊惶，至于将士三军，亦皆有觍面目。

　　岳飞在这里既提出了"岂谓非常之典，遽及无功"，作为他不应晋官加封的理由，也说到"至于将士三军，亦皆有觍面目"，借以表达岳家军全都反对这次借和议之名而屈膝投降的强烈反应。

　　宋朝的文武大臣，每逢进官升秩等事，总都要上表辞谢，大致都是在辞谢三数次之后方肯受命。

　　就岳飞的这首《札子》的内容看来，态度倔犟，措辞激切，用意决不在于履行一些照例的公事，而是坚决地不愿意把自身和岳家军全体人员也被裹入赵构、秦桧卖国降敌的罪恶勾当之中。

　　然而，南宋王朝的当权者们却不肯作这样的理解，于是又依照惯例下诏给岳飞，不许他再上书辞免。岳飞在二月二十七日接到不许辞免的诏书后，又上书恳辞，说道：

　　　　臣近者累犯天威，力辞恩宠，庶几陛下洞烛危恳，终赐矜从。而温诏谆谆，未回睿听。蹐地吁天，不知所措。

　　　　夫爵赏者人君所以为厉世磨钝之具，人臣得之，所以荣耀乡里而显贵宗族也，谁不欲贪多而务得哉！然得所当得，固以为荣；受所非受，反足为辱。

伏念臣奋迹羁单，被恩优眷，使臣终身只守此官，已逾涯量；岂可分外更冒显荣……伏望陛下检会臣累次札子，追寝成命，特降俞音，庶使微臣少安愚分。

岳飞一道道奏章，呕心沥血，慷慨陈词，但是并没有使赵构、秦桧等人回心转意。他接着又上书给赵构，要求准许他带兵马去西京洛阳恭谒洒扫先帝的陵墓。

开封是北宋的首都，也是北宋的宗庙社稷之所在；而洛阳则是北宋各代皇帝陵墓之所在。这两地都包括在这次金政权赐予南宋的地区之内，因而当赵构、秦桧对"和议告成"大事粉饰夸说之际，秘书省正字范如圭当时向赵构建议说：

"金国既然已经把两座京城的版图归还给我们，而祖宗的陵寝又近在咫尺，我们何不去祭奠一下，这样上可以告慰神灵，下可以安抚民意，不是很好吗？"

于是，在绍兴九年的正月上旬之末，赵构便派遣了判大宗正事的赵士褒和兵部侍郎张焘一同到洛阳远郊县区去朝拜那8座陵墓。

至于宗庙，则因开封城市还没有办好"交割"手续，赵构是不敢贸然派人前去"朝修"其宗庙社稷的。

至二月中旬，赵士褒和张焘从临安出发，要经由武昌、信阳、蔡州、颍州以达洛阳。由于这些地点全在京西湖北宣抚使岳飞的辖区之内，赵构于赵、张二人出发时便又下令给岳飞，要他负责供应修理诸陵墓所需的人工和费用。

其实，岳飞在正月十二日看到那份所谓"讲和赦书"之后，就已经写了一道奏章，表示要躬诣诸陵进行洒扫。其奏章略谓：

西京河南府系臣所管地分，自刘豫盗据以来，祖宗陵

寝久失严奉，臣不胜臣子区区之情，欲乞量带官兵，躬诣

洒扫。谨录奏闻，伏候敕旨。

南宋王朝在二月三日给岳飞的回答是：已降旨给差同判大宗正事赵士褒、兵部侍郎张焘前去拜谒陵寝。三省枢密院同奉圣旨与岳飞照会；等到他们出发后，岳飞可以带少量亲兵，一起前去拜谒。

其实，岳飞申请前往洛阳地区的目的，并不单纯在于"拜谒陵寝"和"躬诣洒扫"，而是别有用意，他是要去深入了解敌方的军政情况以及是否有进攻金国的可乘之机。这后一种用意他更是迫不及待地想要尽快实现。

因此，当他虽已闻知赵士褒、张焘被派前去"朝修祖宗陵寝"，但还没有接到南宋王朝二月三日那道旨意时，他又一次上书申请，要随同二使前往，并在书中把真情实意略加透露，奏章的大意是：

自靖康以来，敌人用一个"和"字玩弄咱们10多年了。咱们始终没有觉察到他们的诡计，因而遭受祸害到今天这个地步。如今他们又无缘无故地要求讲和，这说明他们国内一定有困难，无力进犯咱们的边境。同时，刘豫刚刚被废黜，边境空虚，迫不得已才这样做的。名义上是把土地归还给咱们，实际上是把它暂时寄放在咱们这儿。臣这次西去，请准带适量的轻骑，以便窥视敌人的虚实，找出他们的致命弱点。

赵构、秦桧接到这道奏章，方才明白岳飞此行的真正目的，连忙下诏说："大将需要坐镇军中，不能久离，只需差遣一两名将官，带上1000士兵随同赵士褒和张焘前去，就可以了。"

很明显，赵构和秦桧之所以中途变卦，不准岳飞前往洛阳。主要是害怕岳飞在"前往观衅"之后，难免又会寻觅战机，去触犯金朝的军事贵族。倘使他果然做出那等事来，则刚刚搞成的屈己请和

局面便又会被他破坏了，那是万万使不得的。

反对"讲和"的意见既然不被采纳，要求以谒陵为名去了解敌情，又不被批准，岳飞在难以抑制自己愤懑情怀的情况下，便又决定，索性把自身所担任的军职一律辞掉好了。那样，在面对着当前这些屈膝降敌的无耻行径时，也许可以免得再发生"身居将阃，面有惭于军旅"的那种内疚和惭愧感了。

于是，在绍兴九年的一天，他又两次给赵构送去札子，要求解除自己的军职。字里行间不无对朝廷屈膝求和的讽刺之意。

这两道奏章递达南宋王朝之后，终于迫使赵构作出一个批示。其批示上说：

卿竭尽忠诚保卫社稷，功勋卓著，这些我都是知道的，但是你想用武力收复沦丧的国土，这并不是一时就能做到的，所以，你所请求辞去官职一事，不准，以后也不要提了。

岳飞欲进不得，欲罢不能，就只能牢守在鄂州军营当中"存抚军旅"了。

再战中原，攻无不克

1138 年，女真贵族的内部主战派与主和派之间的矛盾斗争再度激化。以兀术为首的主战派，于当年七八月间发动了政变，先后诛杀了宗磐和挞懒等人。

原来执掌金廷主要大权的挞懒、宗磐既被铲除，兀术便领行台尚书省事、都元帅，独揽了军政大权。主战派占了上风后，金廷完全改变了军事和外交政策。

1139 年，完颜兀术再度南侵。金军分四路南下；以聂黎贝董出山东，直奔江淮；李成犯河南；左监军撒离喝自河奔陕西。

兀术自己从黎阳南插汴京。全军虎视眈眈，宋廷一片震动，命岳飞等迎敌。

五月下旬，金军兵临顺昌城下。新任东京副留守的刘锜率部出城迎战，杀退了敌人几次凶猛的进攻，初战告捷。

月底，金兵的援军 30000 多人马，由龙虎大王等率领，潮水般涌来，将顺昌城团团围住。刘锜再次亲自披挂上阵，在城上守军的掩护和配合下，同时从四门出击，勇猛异常，激战竟日，直杀得敌人"慌怖四奔"，遗尸无数，再战又获大胜。

七八天后，完颜兀术亲自统率的 10 来万精锐之师赶到，用无数车马、骆驼运来了大量攻城器械和粮食，连营叠寨，人喊马嘶，旌旗蔽天，刀枪映日，好不威武！

完颜兀术一到，先痛骂龙虎大王等人无能，然后对众将说："顺昌城壁破残垣，可以用靴尖踢倒。来日一定要攻进城去，进入知府衙门去会餐！"他一面折箭为誓表示决心，一面又以"谁能虏获妇女、玉帛即归谁所有"的许诺来鼓动士卒。

宋廷得到完颜兀术进攻顺昌的消息，惊恐万状，马上由秦桧起草一道手诏，令刘锜所部"择利班师"。刘锜所部，连同北上时新从殿前司调拨的 3000 步军在内，也不过 20000 人马。但这支部队的基干却是当年王彦的威震太行的八字军，士气高昂，英勇善战，因此刘锜成竹在胸，决定暂不奉诏班师，准备与敌人决一死战。

从六月初九拂晓开始，金军展开了全面攻势，兀术横刀跃马，来回驰骋，亲自指挥督促他那 10 多万甲兵铁骑，不停地攻打城池。

敌人来势汹汹，刘锜却沉着镇定，从容应战。他先将将士分成几支突击队，每队 5000 人左右，命他们各自待命。又叫人将一副甲胄置于烈日之下，等甲胄受热发烫，就命令一支队伍出城突击敌兵，其余的仍休息待命。等新放在烈日下的甲胄发烫，便鸣金收回出战的人马，再派另一支部队出击，如此轮番作战，以逸待劳。

金军长时间曝晒在酷日之下，既受到发烫的甲胄的烤炙，又因不停地作战而弄得疲惫不堪。结果刘锜又以少胜众，再次击败了金军。

兀术恼羞成怒，以他重甲全装的侍卫亲军作为主力，布置了"拐子马"。步兵用以正面冲锋，"拐子马"则用以左右两翼掩杀。

刘锜见来势凶猛，急中生智，命出击的士卒每人带竹筒一个，大刀一把，竹筒里装满了煮熟的豆子，一到阵前，便将竹筒掷在地上，让熟豆洒满一地，使竹筒到处滚动。金军的战马正在饥困，见豆便吃，马蹄又受竹筒所绊，行动不便。

宋军乘机挥舞锋利的大刀，专砍马腿，一时之间，兀术的骑兵纷纷人仰马翻，自相践踏，伤亡十分惨重，不得不仓皇溃退。

刘锜与兀术战于顺昌城下时，岳飞和朝廷之间函札往还频繁。岳飞得悉金人背盟并大举南下的消息后，便一次又一次地请缨杀敌，并再三要求赶赴朝廷面陈用兵机宜。

赵构没有同意，但接连发出御札，说刘锜在顺昌虽屡有捷奏，但贼军源源不已，孤军应敌恐不能持久，命令岳飞速发精锐人马，星夜前去接应。

岳飞在鄂州整训部队已经 3 年，无时无刻不在渴望纵马太行，挥鞭燕云，恢复旧疆，重扬国威。如今眼看大举北伐的时机来临，他是何等的振奋啊！

在接到赵构御札之后，他一面火速征发前军统制张宪、游奕军统制姚政等带领人马去支援刘锜，一面抓紧部署反攻的计划。

当时，岳飞既是湖北路和京西路的宣抚使，又是河南路和河北路的招付使，统率着训练有素的 10 万精锐部队，控扼着鄂州这一重要的战略基地。

对整个抗金战争来说，岳飞确实是一员举足轻重的大将，因此，赵构在御札中也指出，岳家军与陕西、河南两处相连接，左可收复京师、右可支援关陕，外与河北相应，希望他疾速发兵，择机进取。

岳飞见朝廷对自己这般倚重和信赖，便进一步争取担负抗击四路南侵金军的重任。

岳飞不仅是一位身先士卒的战术家，更是一位高瞻远瞩的战略家。他对这次进军作战和后方的防守，作了通盘的考虑和布置。他将岳家军分为奇兵、正兵和守兵三个部分。奇兵是深入敌后的游击部队；正兵是担负正面战场作战任务的主力部队；守兵是留守后方的防御部队。

岳飞先出奇兵，命梁兴、董荣、孟邦杰等人，迅速暗渡黄河，去联结河朔，与孙彦等部义军配合，在河东、河北和山东敌后广泛袭击敌军。

正兵由岳飞自己统率，手下有主将王贵、牛皋、董先、杨再兴等部，从鄂州分路向北挺进。同时，抽出部分人马和全部水军留守后方，负责千里江防，拱卫湖北、江西、江东三路。

张宪的前军和姚政的游奕军，奉岳飞将令北接顺昌，于六月上旬末抵达光州正拟继续前进时，得悉顺昌之围已解，便折向西北，一举攻下蔡州。

紧接着，岳飞的主力部队也浩浩荡荡向北进发。牛皋进入京西路，六月十三日与敌遭遇，金军一触即溃，牛皋乘胜追击，连克鲁山等县城。二十三日，统领官孙显在蔡州和淮宁府之间，打败了金军排蛮千户的人马。

这时，岳飞的司令部已北移至德安府，他在得到前线屡次胜捷的战报后，准备立即组织大规模的攻势。

不料在此关键时刻，司农少卿李若虚却带了赵构的诏书和口传密旨，急急赶来军中，命令岳飞"兵不可轻动"，必须立即班师回防。这对岳飞不啻当头泼了一盆冷水。

李若虚过去曾经在岳家军担任过参议官，岳飞与他关系很好，深知他为人正直，便据理力争，说明北伐中原，收复旧疆，在此一举。机不可失，时不再来，决不能半途而废。

李若虚听了岳飞这番慷慨激昂的话，深受感动。他激于大义，毅然决然地对岳飞说："事势既然发展到了这一步，当然只能有进无退。那么，你就继续进军吧！矫诏之罪，由我承当！"

李若虚走后，岳家军便按照既定的作战计划，继续向北挺进。

闰六月中旬，岳家军大部分已经陆续抵达现今河南省中心地区，大规模战斗的序幕拉开了。

这时，从顺昌溃退下来的金将韩常，率领所部扼守着颍昌府。颍昌府是通往汴京的孔道，岳飞决定先把敌人固守的这个据点拿下来。他派遣能征惯战的将领张宪和傅选两人去担任这项任务。

张宪和傅选二将率部发起进攻，在离颍昌府20多公里的地方，击退了韩常的大队人马，于闰六月二十日克复了这座城池。

数日后，兀术带领6000骑兵从长葛县杀来，企图重新夺回颍昌。董先、姚政出城迎战，击退了敌军，虏获不少金兵和战马。

韩常打了败仗，退守陈州。岳飞随后又派牛皋、徐庆前去会合张宪，向韩常发起凌厉攻势，于二十四日力拔陈州。二十五日，中军统制王贵派遣部将杨成、张应、韩清等人去攻打郑州，与金军万户漫独化激战于郑州南郊。

宋军奋勇作战，一举攻克郑州。七月一日，王贵再派中军副统制郝等人直逼西京洛阳城下，当夜敌军弃城遁逃。翌日拂晓，洛阳又告收复。中原战场节节胜利的时候韩世忠在苏北，张俊在安徽，吴等在西北，也都给予来犯之敌以不同程度的打击，金军很快就失去了优势。

岳飞下定了决心，要继续北进。他一面派人火速筹集舟楫，准备将大军渡过黄河；一面联络太行忠义人马，命令两河豪杰即刻举起义旗，截断金兵退路。新的进军，新的胜利，在迎接着战无不胜、攻无不克的岳家军。

联络忠义民兵共同抗敌

岳家军直捣中原，目标在于收复河朔的广大失地，而要实现这一目标，关键之一便是连接河朔的忠义民兵。

河朔忠义民兵的抗金斗争，由来已久。早在建炎元年赵构南迁之后，女真贵族在占领区任意霸占百姓的土地和房舍，掠夺女子和财物。青壮年男子，或者被杀戮，或者被抓去当兵，或者被标价出卖，或者被赶到西夏、勃勃去换取战马。

沦陷区的汉族人民备受欺凌和虐待，生活痛苦不堪，于是便自动集结起来，以忠义社的名义，结营扎寨，不屈不挠地反抗女真贵族的残暴统治。十几年来，这种群众性武装抗金斗争此起彼伏，从来没有间断过。

河北忠义民兵中，有位名叫李宝的英雄人物。这个人是山东人，性格豪爽刚直，为人急公好义，年轻时即"双刀贾勇，冠出辈流"，常常路见不平，便拔刀相助，在家乡颇受人们的敬重。

河北地区沦陷之后，李宝首先袒臂奋起，聚集了3000义民，计划杀死女真贵族派在淄州的知州，但是没有成功。后来他脱身南下，于绍兴七年在临安投奔岳飞。

岳飞十分高兴，把李宝带回鄂州，编在马军中效用。李宝勇武绝伦，又素怀杀敌报国之志，很想干一番轰轰烈烈的大事。当了岳飞部下之后，一时没有被重用，感到非常失望。

李宝想，自己冒着生命危险，千里前来投效，而抗敌的志愿却不能很快实现，还不如仍然回到山东，一刀一枪地跟敌人拼个你死我活的好。

于是，李宝暗中说动了岳家军中的四十几个人，准备潜逃，一同渡河北上杀敌。他们出发的日期刚刚商定，岳飞已经觉察，立刻将李宝和其他 40 多人统统囚禁了起来。

李宝他们问心无愧，挺身而出，向岳飞自首。

岳飞不知道李宝等人的动机，十分震怒地问道："是你煽动他们潜逃的？"

"是我！请宣抚把其他弟兄都放了。"

"你为什么要潜逃？"

"因为我在这儿不能很好地为国家出力！"

"那你们要到哪儿去？"

"过河杀敌！"岳飞弄清原委后，十分感动，不但没有惩罚李宝，反而给了他一个"河北路统领忠义军马"的官衔，让他带着他联络好的人员返回山东，去策动忠义民兵，开展敌后游击战。

李宝等人回到河北之后，很快就联络上大批忠义民兵，打着岳家军的旗号，到处伺机袭击敌人。在对敌斗争中，他们的力量日益壮大，打汴州，围郑州，忽东忽西，忽南忽北，搅得敌人眼花缭乱，防不胜防。

当完颜兀术背盟南侵，东京留守孟庾等降敌的时候，李宝正在共城县西山上的民兵营寨中筹划抗金杀敌之计。得到消息，他立即和部将孙定、曹洋、王靖等率众誓师出发。他们首先夺取金兵停泊在黄河沿岸的一些船只，顺流而下。五月初十到达曹州附近，一边驻屯休整，一边准备迎击兀术大军。

当年五月十四日，兀术的先头部队四五千骑蜂拥而来，黄昏时到达宛亭县境内，安下营寨。

深夜，困乏的金兵都已睡得死死的。李宝等忠义民兵分水陆两路，岸上大军衔枚疾走，河中百舟竞发，两路人马径趋金兵大营。金兵没有料到忠义兵乘夜偷袭，当下人不及甲，马不及鞍，在黑暗中乱成一团。鸡旋郎君等四个千户顷刻之间成了刀下鬼，敌兵被杀死或被驱入黄河淹死的不计其数。

忠义民兵缴获战马1000多匹，白旗一面，旗上写着"都元帅越国王前军四千户"字样，证明这支敌军的确是兀术的先头部队。

当时，兀术的先头部队还有一部分驻扎在荆以东10多公里的渤海府下。李宝侦察得到消息后，又和部将曹洋率领忠义民兵乘舟前往袭击。

五月十八日半夜时分，忠义兵马突然猛攻敌军营寨。那伙金兵还不知道他们的伙伴已经被歼的消息，因此丝毫没有戒备，在李宝等凶猛的砍杀下，同样遭到了覆灭的命运。

六月二日，兀术部下的大将金牌郎君率领大队兵马，气势汹汹地从开封一带赶来，寻找忠义民兵报复。李宝挥舞双刀，一马当先，大批民兵以万马奔腾之势，冲向敌阵。

岳家军的旗帜漫山遍野地飘扬。金牌郎君惊恐万状，勒转马头落荒而逃，他手下的士兵也纷纷溃退。李宝率领大军一气追杀10多公里才收军。

在岳家军胜利进军的过程中，岳飞已派遣梁兴、董荣等人悄悄渡河北上，命令太行忠义、两河豪杰即刻举起义旗，剿杀金兵，占夺州县，配合岳家军正面战场的进攻。

梁兴、董荣等经常往来于大河南北，人地两熟，很快就与河朔忠义兵马取得了联系。

七月，梁兴、董荣带领一支忠义民兵前往袭击维州的垣曲县城。他们化装成各种身份的百姓，分散前进。当晚来到京西北路的黄河南岸，第二天清晨即渡河抵达北岸。因为他们全是老百姓的打扮，扼守河岸的敌人竟毫未察觉。

梁兴等登岸接近守军，突然发起攻击，敌人无法招架，死伤殆尽。梁兴、董荣等乘胜一直前进到垣曲城下。

守在垣曲县城里的千户刘来孙等人，一见忠义人马开到，紧闭城门，并不出战。

梁兴、董荣等劝他们开门投降，刘来孙等人只是不理不睬。

梁兴大怒，命令部下捆扎云梯，一拥登上了城垣。守城的敌兵见大势不好，四散奔逃。梁兴、董荣进得城来，当场活捉刘来孙等10多人，夺得战马100余匹，只用了一天工夫，就收复了这座县城。

以垣曲县作为前进的基地，他们会合当地的忠义人马李进、赵云等部，一齐东进，在孟州的济源县一带，两次大败敌酋高太尉的人马，杀得敌兵横尸遍野，达10多公里之遥。

高太尉率领残部逃到翼城县，梁兴等紧追不舍，再败高太尉，克复了这座县城。接着，他们又会合乔握坚等部忠义民兵，并力攻占了赵城。一连串的胜仗，使得这支忠义人马威名大震。敌军一听到梁兴的大名，便丧魂落魄，望风披靡。

梁兴在河北站稳了脚跟之后，一面巩固战果，一面继续派人四处招纳两河豪杰。河北、河东各地的忠义民兵首领李通、胡清、李兴、张恩、孙淇等人，相继率众来归，梁兴这支队伍的力量一天比一天壮大。

不久，梁兴与李宝会师。他们怀着胜利的喜悦，等待着岳飞大军的到来。

忍痛班师，大业毁一旦

收复颍昌府后，岳飞将大本营移至颍昌府东南端，继续调遣各路将领分别攻取永安军、河南府等州县。

正在这时，新进至宿州、亳州的张俊大军，以及原保卫顺昌的刘锜大军，均收到朝廷"兵不可轻动，宜且班师"的密旨。

张俊首先下令班师，刘锜也不得不命令部分人马陆续撤回镇江，自己暂时留在顺昌，不敢违诏北进。这样，中路的岳家军就陷入孤立无援的境地。岳家军收复的失地越多，兵力就越分散。

兀术侦察到岳家军的大本营兵马不多，便集中几路精锐人马，取捷径包围之，妄图一举摧毁岳家军的指挥中枢。兀术以及龙虎大王、盖天大王等所率15000余骑兵，进至国城以北10公里的地方。岳飞得到探报，立即亲率领亲卫部队背嵬军等，前往迎击。

两军对垒，金军衣甲鲜明，旗帜错杂，屹若山壁，兀术身披白袍，骑着甲马，往来驰骋，指挥调度。数千名重胄全装的铁塔兵列于阵后，准备策应前军。阵前左右两翼是铁骑拐子马，准备随时冲锋陷阵。岳飞汲取刘锜顺昌之战的经验，早就做好了充分准备，将士们各持麻扎刀、提刀和大斧等利器严阵以待。一场敌众我寡的殊死战斗开始了！

岳飞命令爱子岳云先率一支骑兵去闯敌阵。他对岳云说："你一定要战胜敌人，如不拼命向前，我先斩你的头！"

岳云为岳飞长子，所使的武器是两柄铁锤，重40公斤，使起来如车轮飞转，无人能敌，累立战功，被称为赢官人。当时他刚20岁，任防御史，领有几千人马。

岳云接受命令后，立即舞动双锤，冲向敌阵，锐不可当。岳家的骑兵个个以一当十，拼命厮杀。兀术看到形势对己不利，赶紧发动拐子马的铁塔兵出阵。

顿时，千军万马仿佛潮水一般涌上前来。那滚滚的黄尘，夹着战鼓声、马蹄声、厮杀声，如暴风骤雨，攻势十分凌厉。

岳飞带领40名骑兵上阵前，岿然不动。等到敌军距离阵前只有一箭之地时，岳飞左右开弓，箭无虚发。

敌军人仰马翻，乱了阵脚。岳家军将士看到统帅亲自出马杀敌，勇气倍增，奋勇突进，和敌人展开白刃肉搏。按岳飞事先布置的巧妙战术，步兵挥舞扎刀和提刀，专砍敌军的马足。骑兵则专门对付骑在马上的敌兵，先用长枪挑去敌兵的头盔，然后用大斧砍掉敌兵的脑袋。马上马下，密切配合。不到一个时辰，已杀得敌军横尸遍野。

金兵全线崩溃，杨再兴单刀匹马，像闪电般闯入敌阵，打算活捉兀术。他左冲右突，如入无人之境，但四处找遍，皆不见兀术的行踪，只杀死了数百敌军，自己也负伤累累，回到本阵，天色灰暗下来。金军残兵败将，一退就是几十公里。

隔了一天，岳家军又于郾城北五里店痛击金兵，杀其重要将领阿李朵李苗等。金军大败之后，兀术还没有死心。他把残部集结在临颖县休整，准备养精蓄锐之后再和岳飞决一死战。

杨再兴带着 300 名骑兵巡逻到临颖以南的小商桥时，敌军大队突然掩袭过来。在仓促接战中，杨再兴等人杀死敌军万户撒八孛堇以下官兵 2000 余人。由于敌众我寡，杨再兴和部将王兰、高林等最后被敌军重重包围。

敌人万箭齐发，杨再兴等 300 将士大多壮烈牺牲。

岳飞得到杨再兴等人牺牲的消息，非常悲痛。他立即命令张宪率领人马，前往临颖为杨再兴等死难将士复仇。张宪没有辜负岳飞的期望，于当天下午赶到那里，一鼓作气打垮了敌军。

兀术重新集结镇国大王等 30000 多人马，疯狂地向颖昌城扑来，打算与岳家军主力决战。扼守颖昌府的主将王贵统率着游奕军，年轻虎将岳云带领着士兵，大开城门，出来迎战。

从上午到中午，整整血战了半天。可是占有着明显优势的敌人，却愈来愈多，城中的守将董先、胡清，见双方相持不下双双带领人马出城投入战斗。战斗在继续进行。岳家军有进无退，愈战愈勇，金兵的气焰渐渐被压了下去。

这次决战，金兵的统军上将军夏金吾和千户 5 人被杀死，渤海汉儿王构寿、女真汉儿都提点、千户张来孙等大小首领 78 人被俘虏，兀术的攻势终于彻底瓦解。

"撼山易，撼岳家军难！"女真贵族经过多次惨败之后，得出了这样一个结论。在这次颖昌府大决战中，岳家军牺牲相当大，但终于大获全胜。

捷报传到岳家军大本营，上上下下无不欢欣鼓舞。岳飞振奋地对部将们说："这次进军，直捣黄龙府，我与诸君痛饮！"

岳飞曾数次发出请求朝廷"速赐指挥，令诸路之兵火速并进"的奏章，但是杳无音讯。尽管他早已想到，如果自己孤军深入，一定会困难重重，但他还是下定决心，一定要勇往直前，向北进军。

经过岳家军一系列沉重的打击，金军元气大伤，士气低落，兀术想号召众将再议迎敌，却个个垂头丧气，沉默不语。

兀术又传檄河北，调集诸路兵马，竟没有一兵一卒赶来。当时中原一带，人们纷纷响应岳家军，悬挂"岳"字旗帜，并箪食壶浆，赠送义军。就是金军骁将马陵葛思谋，及统制王镇，统领崔庆，偏将李凯、崔虎、叶旺等，全都以为金人大势已去，有意提前降顺。

更有龙虎大王以下的将官噶克察、千户高勇等，竟秘密地接受了岳飞派人送来的飞旗榜，准备岳飞大兵到时悬挂迎降，连兀术极为倚重的韩常也打算率部依附。

兀术自知众叛亲离，大局已定，便仰天长叹道："我从领兵以来，还从未到过这种境地！事已至此，已无话可说！"就想领着亲信，弃城逃跑。

兀术仓皇出走时，忽然闪出一位文弱书生，拦住马首说："大王慢走，岳飞马上就要退兵了！"

兀术以为书生痴人说梦，不耐烦地答道："你一个迂腐儒生，懂得什么！岳蛮子只用几千人马，就大败我的 10 多万大军，中原百姓，日夜盼望他到来，我难道坐待俘虏，不管生死么？"

书生笑着说："大王说错了。自古以来，哪有奸臣在内，而大将能立功在外呢？你虽打不过岳飞，但岳飞何尝又是朝内奸臣的对手呢？大王请稍留，待不了几天，岳飞就会撤兵的。"

兀术虽常年领兵在外，却对金与秦桧来往议和的事早有耳闻，经书生一说，马上醒悟过来，便掉转马头，仍留下不走了。

这位神秘书生在历史上没有留下名姓。这也许是他的行为是为虎作伥，丧失了民族立场，伤了汉人感情的缘故。但就算他是个魔鬼汉奸，这个魔鬼汉奸却是精明的。他精通世故，对历史有着深切的体悟。他与训诫张良的黄石公不同，没有一星半点的鬼气与仙气。他的话是实实在在的，实在得让历史学家很不舒服，以至于不愿记下他的姓名和籍贯。

后来的发展证实了这个神秘书生的可怕预言。在岳飞积极联络所有抗金力量，积极筹措北进的时候，朝廷使者飞马赶到，敦促岳飞班师。

岳飞惊问道："这是为什么？"

使者回答说："秦丞相与金人议和，已差不多，所以请岳少保撤兵，以免使和议夭折！"

岳飞愤怒地说："中原之地已恢复大半，燕云之地也已如囊中之物，在这时为什么向言而无信的金人求和，请我撤兵！"

朝使无言以对，默然而去。

岳飞当即向朝廷上疏，请朝廷抓住战机，"速赐指挥，令诸路之兵火速并进！"宋高宗和秦桧看了奏折，十分生气，不仅没有命令其他将领起兵，策应岳飞，反而釜底抽薪，调回了张俊、杨沂中的部队，使岳飞不得不孤军作战。

岳飞仍不屈服，宋高宗、秦桧无奈，采取强硬措施，一天连下12道金牌，催岳速归。金牌是在牌上写有金字，朝廷只有在紧急情况下才使用，一见到金牌，任何将领都得绝对服从命令，否则就被视为叛国，在这种情况下，"将在外，君命有所不受"是不起作用的。

岳飞一天竟接到金牌 12 道，不觉悲愤交加。他知道这一去，不可能再回来了。即将成真的宏愿将永远无法实现。秦桧卖国求和岳飞还可以想得通，但高宗赵构为何对自己的社稷江山那么不爱惜，对自己的骨肉那么绝情呢？

岳飞怎么也无法想通。完了，昔日的凌云壮志！完了，沦陷区痛苦呻吟的老百姓！完了，大宋的江山社稷！岳飞仰面悲叹道。马鸣萧萧，黄河呜呜，好像在应和着岳飞。

整个军队笼罩在悲愤之中。岳云、牛皋、张宪等随岳飞南征北战、同生共死的将领来见岳飞，试图劝岳飞抗旨，岳飞忍痛斥退了他们。他痛下了班师令，将士们缓缓地挪着脚步。

老百姓们闻讯赶来，人多得堵塞了道路，跪在岳飞马前，哭诉道："岳大爷，千万不能走啊！您一走，我们就没活路了！"

岳飞痛哭流涕，取出金牌说："朝廷有令，我不敢擅留啊！"

众人说："难道朝廷不要我们了吗？我们一直盼星星盼月亮盼着你们呢！"

岳飞知道他们留在这里肯定会受金人践踏，便下令说："你们不用悲伤了，愿随我南去的赶快回家准备，我等你们五天。"老百姓齐声应命，5 天后，在岳飞的护送下，百姓们扶老携幼，牵羊赶牛，慢慢向南行去。金人害怕岳家军，没有追击。

当时，宋高宗早就想解除岳飞的军权，这是他梦寐以求的夙愿，但迫于当时的政治和军事形势，他仍不敢同意秦桧的建议，冒此风险。岳飞至此也只能训兵饬士，以观世变。

绍兴九年岁末，宋高宗御笔书写历史上曹操、诸葛亮和羊祜屯田足食的故事，颁赐岳飞。他将屯田列为保守半壁残山剩水的重要措施。

岳飞在 1140 年，写跋文回答皇帝，他指责曹操"酷虐变诈"，认为诸葛亮和羊祜"德过于操远矣"。岳飞在跋文的末尾说：

> 用屯田以足兵食，诚不为难。臣不揆，愿迟之岁月，敢以奉诏。要使忠信以进德，不为君子之弃，则臣将勉其所不逮焉。若夫鞭挞四夷，尊强中国，扶宗社于再安，辅明天子，以享万世无疆之休，臣窃有区区之志，不知得伸软否也？

岳飞批评曹操，隐含指责秦桧之意。他拥护加强屯田，但不赞成以此作为对金求和的资本。岳飞利用巧妙发问的方式，再次表明了自己的原则立场，并对宋高宗进行了恳切的谏劝。

1141 年 1 月，兀术又一次统率九万多人马，强渡泗水，向两淮地区分路南犯，陷寿春，占庐州，一路大肆烧杀劫掠，来势十分凶猛。

金兵再度南下的消息传来，赵构慌了手脚，马上发出一道御札，催促岳飞星夜带兵到淮西救援。

岳飞在接到赵构御札的前夕，已连续发出两道奏章，要求"提军前去，会合诸帅，同共掩击"。他打算采取"围魏救赵"之计，即乘金军倾巢南下之际，率领岳家军长驱京、洛地区，直捣敌人之虚。

当年二月初九，岳飞接到赵构让他率兵到淮西，以遏制金兵迅猛攻势的诏书，不得不放弃原先的计划，于十一日带病亲率 8000 多铁骑，从鄂州出发，执行朝廷的命令。

岳飞的军队开到舒州之时，刘锜、杨沂中以及张俊的部将王德等在拓皋伏击金兵，打了一个大胜仗。张俊企图独吞战功，通知岳飞说，敌人已经退去，前面缺乏粮草，你不能进军。

岳飞深知张俊的为人，便将部队暂留舒州待命。不料没过多久，王德、杨沂中等人的队伍在濠州城西中了金兵的埋伏，打了个大败仗。杨沂中带领的殿前军30000来人，几乎全军覆没。

岳飞得这一消息，立即赶去援救。可是等岳飞的援军开到半路时，金兵已在涂州大肆焚掠后自动退去了。

解除兵权，归隐赋闲

秦桧为主和派的首要人物，他完全被金人吓晕了头，奴颜媚骨，唯和是求，达到了丧心病狂的程度。而岳飞则是坚决的抗战派，公开反对议和，谴责朝廷的投降政策，多次使秦桧大怒。

岳飞每打一次胜仗，每向北推进一步，他都会心惊肉跳一次，觉得这样离求和就远了一步。他认为，只要岳飞在世一天，他就会庸庸无为一天，金人明白他这种难堪的心情，乘机要挟他除掉岳飞，这是他们梦寐以求的，是在战场上根本做不到的事。

但岳飞的名声太大了，不是想杀便杀得的。必须得步步为营。秦桧决定采取分化瓦解的办法，先将岳飞孤立起来。

当时，南宋手握重兵，能独当一面的大将有3位，即岳飞、韩世忠和张俊。张俊害怕公战，勇于私斗，素与岳飞有矛盾，对岳飞屡立显功，少年得志嫉妒在心，常借故中伤岳飞。

秦桧便将他收买，让他参加陷害岳飞的阴谋。韩世忠与岳飞一样，是抗金派的骨干，秦桧决定先将他除掉。

正当秦桧劳心焦虑地思考着如何下手收拾这几员大将的时候，秦桧的一个死党，在两年前率先跪拜迎接金朝使臣张通古的范同，来向秦桧献计说：

"三路宣抚使皆手握重兵，难以制驭，索性就借口这次拓皋之捷，论功行赏，把三大将都调入朝内，改任枢密使和副使，明升其官，暗夺其权，岂不甚妙！"

这正投合了秦桧的心意，赵构自然也完全赞同。于是，他立即让人下诏给三大将，令他们3人前来朝廷奏事。

倘若被三大将看穿了这次召令还朝的真实用意，万一他们串通在一起，不遵从这道诏令，那将如何得了？秦桧和与之同谋的参知政事王次翁、直学士院范同诸人，从发出这道诏令之日起，直到已经收夺了兵权以后的许多天，全都在为此而惴惴不安。

他们表面上尽管还都故意表现得镇定自若，夜里却都合不上眼，睡不成觉。

韩世忠与张俊的驻地距离杭州都较近，因此，他们都很快就到了杭州。岳飞驻军在上游的鄂州，见诏较迟，自然不可能与韩、张同时抵达。

然而，岳飞不到，全盘策划便不能宣布。于是，秦桧每天都装出要设筵欢迎三大将的架势，却又总因岳飞未到而一次接连一次地把宴会推迟。

这样延迟了六七天，岳飞也终于抵达杭州。

秦桧以盛筵招待过了之后，赵构于四月十一日召见了这3员大将。当天晚上，便由直学士院的范同和林待聘二人分别作成了三道《制词》：韩世忠、张俊都改官枢密使，岳飞则改官枢密副使。

在两天后又宣布了第二道诏令，把三大将的宣抚司一齐废除，并使每个宣抚司中原有的统制官，"各统所部，自为一军"，并一律在其军衔上加"御前"二字，亦即改由南宋王朝直接统辖。诏令同时还作出规定说："将来调发，并三省枢密院取旨施行"。

三大将全都俯首听命，交出了兵权，莅临了新职，没有发生丝毫问题。

前此曾因收夺兵权拟议而与王庶发生过争执的张俊，这次因为在阴谋对金屈服问题上早已与秦桧情投意合，其表示更为卑顺：调他任枢密使的诏命刚一发布，他就率先上了一道奏章说，"臣已到院治事，现管军马，伏望拨属御前使唤。"

在没有引起任何事端的情况下，秦桧和赵构收夺了3员大将的兵权，对此，他们虽感到十分得意。但也还不能完全放心。

一天，赵构向新上任的这3位枢密使、副使进行安抚说：

> 朕昔付卿等以一路宣抚之权尚小，今付卿等以枢府本兵之权甚大。卿等宜共为一心，勿分彼此，则兵功全而莫之能御，顾如兀术，何足扫除乎！

没过多久，又向原属三宣抚司的诸军发出了一道进行安抚的诏谕说，你们都是立下过战功的将领，又是忠义之士，所以，我特地为你们加官晋爵，以示奖励。

赵构、秦桧这次的收夺大将兵权，取消3个宣抚司，实际上是在摧毁南宋的国防力量，借以向金朝表示自己确实有屈服投降的决心和诚意。

不论因此而会招致如何严重的后果，他们全都在所不计。

在前述各事已经成为定局之后，当时任礼部侍郎的郑刚中便乘机向秦桧进言说，不要因这一事件的得手而过分高兴，因为天下之事，"利害得失，常对倚而不废；遇事更变，则激发而复起。就其利不忘其害，见其得愈忧其失，而后可以大有为。"

因此，他又向秦桧提出七条善后意见，劝他应当思患预防。

郑刚中考虑到的这些问题，由于是向秦桧提出的，都极尽委婉温和之能事，而决无激烈尖锐言词，然而单就这 7 个问题而论，如边境居民的惊慌情绪，军队纪律的维持，战时的动员、集结与指挥，将官与士兵的关系，防范敌军进行收买、拉拢等，却无一而不是极现实的要害问题。而且每一条的最后，他都提出了可行的补救措施。

然而，对秦桧说来，这却正是所谓"以不入耳之言来相劝勉"，当然不会发生丝毫作用。他本来是要彻底地"自毁长城"，目前所已经实现的一些破坏工作，还远远不能使他感到称心如意，怎么能希望他反转来再进行修葺整补呢？

所以，他对这番话不予理睬，是理所当然的。

韩世忠、张俊、岳飞被解除了兵柄，充当了枢密使和副使之后，虽然也要按时进入枢密院衙门中去，实际的军政大计却并不交他们去处理。

对于这次军职的大变动，他们做出的反应并不相同：在张俊，是怡然自得，不但不改故常，且还比往常更为得意。

而在韩、岳二人的表现，就不能不在内心极为愤慨的情况下，只在表面上故示悠闲。

韩世忠特地制了一条"一字巾"，每逢到衙门中去，就把它裹在头上，有意地从装束上作出一点特殊样式，出了衙门之后，便由几名亲卫兵跟随着，到处跑跑玩玩。

岳飞也脱卸了他的军服，换上一身文职官员衣装，故作悠闲之状，每次与人闲谈，也屡屡表示羡慕山林闲居之适，对于国事，则表示只想摆脱，不愿再闻也不愿再问了。

韩世忠和岳飞的这样一些举止行动，都不过显露了他们的胸怀中仍然充满着愤愤不平之气，这就使得秦桧和他的党羽们对韩、岳更加切骨痛恨。

秦桧和他的党羽们把刚刚过去的一些事件回想一下，他们也更加认为，消除兵权的事应当是一不做、二不休的。

在秦桧、赵构对女真贵族进行卖国投降活动的过程中，三大将中的张俊虽在极力曲意逢迎，而韩世忠和岳飞却一直在极力反对。

当金朝派遣张通古南来，和南宋王朝派遣官员出使金国时，韩世忠曾连续五六次上书反对所谓的"和议"，且还明白对秦桧加以指斥。

岳飞在这一时期的多次表态，其激烈程度更在韩世忠之上。这就使得秦桧对韩世忠和岳飞都同样地深恶痛绝。而今韩、岳的兵权虽已被解除，却仍不足以解尽秦桧的心头之恨。

秦桧清楚地记得，上年秋天，兀术曾在给他的信中说过：你朝夕向我求和，而岳飞却无时无刻不在图谋进兵河北，而且杀了我的爱婿，此仇不可不报。

因此，一定要杀岳飞。杀了岳飞之后，方能使和议成功。金方提出以杀岳飞为和议的先决条件，赵构和秦桧当然是不得不考虑的。至于韩世忠呢，他和岳飞一样力主抗金，曾多次上书反对和议，并指名道姓斥责过秦桧，也必须除之。

紧接在淮西战役之后，秦桧、赵构已经又开始了向金朝进行投降的活动，若不把原来的韩家军和岳家军彻底摧毁，这一桩卖国勾当还可能照旧遇到梗阻。对这两支军事力量，还需要进一步把它们收拾掉。

大将们解除兵权是一桩极不寻常的重大变局，他们所统领的部队中的兵将，一时都不易摸得着头脑，因而不免发生这样那样的揣测，以致议论纷纷，呈现出一些动乱情况。

秦桧和他的党羽们，决定借口于此而首先向资望最老的韩世忠及其原来统帅的部队开刀。

所要采用的手法，是利用三大将之间原有的嫌隙，使其互相诬陷和残害。

秦桧借用赵构的名义，指派张俊和岳飞前往楚州，即韩家军驻屯的地方，名义上是去安抚、抚慰韩世忠的旧部，并把他们一律从楚州调到长江南岸的镇江府。

在此调动期间，如果觉察到韩家军稍有动摇生事等不稳情况，便可由张、岳二人挟嫌诬构，夸大事态的严重性，把它彻底解决。

等韩家军已被彻底解决之后，便再指派张俊去把岳家军彻底摧毁。

张俊、岳飞行经镇江时，首先把驻扎在那里的韩家军的一部分调往教场检阅。

对于张、岳二人这次之被指派阅视韩军旧部的用意，张俊是理解得最为透彻的，因而，他提议把韩世忠的背嵬军，即亲卫军拆散，把他们分别编插到别的部众中去。

岳飞立即提出反对意见，说道：

"不可以这样做。因为，目前我们国家内真能领兵作战的人，只有咱们三四人，若想恢复中原，也只有依靠咱们，万一再要用兵作战，皇上再令韩枢密出山主管军队，我们将有何面目与之相见呢？"

张俊虽然被问得张口结舌，默不作声，在内心里却又大大增加了对岳飞的仇恨。

张俊和岳飞于六月十六日到达楚州。岳飞就住宿在台州知州的衙门里，张俊却住在楚州城外。

在他们到达的第二天，原任韩家军中军统制的王胜，率领了一支全副武装的军士到楚州城外去与张俊会面。

在王胜到达之前，就已有人告诉张俊说，看王胜的这种来势，似有杀害枢密使之意。张俊亲自看到这支全副武装人员，也不免有些胆怯和惊慌，便质问王胜说：

"你们这班将士，来与我相见，为什么都要全副武装呢？"

王胜回答他说：

"枢密使是来检阅兵马的，所以不敢不以军人装束相见。"

张俊要他们必须一律卸掉军装，然后才能会谈，王胜等虽也全都照办了，然而张俊对他们的疑虑和仇恨却终难消失。

张、岳两人按照军籍名册点视了韩家军的全部人马，这才确知，这支雄踞淮东10余年的韩家军，总共才只有30000人马。

就这样一支部队，不但使得女真兵马不敢轻易进犯，而且还有余力去北图山东，连获胜捷。岳飞对此不禁感到由衷的钦佩，而且对于有这样治军本领的韩世忠，也深加赞叹说："真算得一名奇特非凡人物！"

张、岳二人有一天一同"登城巡视"，看到城墙有倾圮之处，不便固守。张俊便又提议说，应当把城修好，以便守御。岳飞听到后很不同意，因而不作回答。张俊再三要他作出答复，岳飞便勉强回答说：

> 吾曹蒙国家厚恩，当相与努力，恢复中原；今若修筑楚州城池，专为防守退保之计，将如何去激励将士？

张俊听了这番话大不高兴，接着就又说了一些攻击岳飞的话语，岳飞虽然没有做任何反应，张俊却还是怒不可遏，随即迁怒于身边的两名"候兵"，强加于他们一个罪名而下令斩首。

岳飞恳切劝止，终是不肯听从。及至返回南宋朝廷之后，张俊更把岳飞的意见加以歪曲，在朝内朝外到处散播谣言，颠倒是非黑白，对岳飞进行诬蔑。

他说岳飞曾在楚州当众宣言：楚州不可守，因而楚州城何必修？

张俊之所以制造这类谣言，是要说明岳飞立意要放弃楚州，亦即放弃淮东整个地区，而退保长江。

然而事实上，真正要放弃淮南而退保长江的，却并不是岳飞，而是张俊、秦桧和赵构诸奸贼。

他们从此玩弄起贼喊捉贼的手法。

张俊的上述诸行为，越来越受到赵构和秦桧的赏识和宠信。他们目前暂时撇开岳飞，依然共同策划收拾韩家军的勾当。

他买通了韩家军中总管钱粮的胡纺，要他诬告韩家军蓄谋造反，以便最后置韩世忠于死地。

胡纺本是个奸佞小人，两年前袭杀张通古计划，就因他告密而未能实施。这次，他又根据秦桧的意图，出头诬告韩世忠的部将耿著有"蛊惑众听，希图生事"的"罪状"。

秦桧立即命人逮捕耿著，严刑逼供，企图牵上韩世忠，然后置之刑典。结果未能完全达到目的。

原在韩家军总领钱粮的胡纺，这时已被秦桧、张俊所收买，便揣摩着当时局势与主使人意图，出面诬告韩世忠的部将耿著"鼓惑众听，希图生事"。耿著立即被逮捕入狱，继被判决"杖脊，刺配青阳军牢城"。秦桧等人的意图，是要把这一案件尽量扩大，实行株连蔓抄，以最后达到惩治韩世忠本人这一目的为止。

岳飞的为人，忠直强项，直情径行。这次楚州之行，没有使秦桧、赵构顺利达成其收拾韩家军的目的，更使得这伙操权得势的奸恶集团，对岳飞的仇恨又远在韩世忠之上了。于是，还没有来得及把耿著的案件照原来的阴谋扩大下去，秦桧、张俊、赵构等人的怨毒之气，又要一股脑儿往岳飞身上发泄。

秦桧指使他的党羽右谏议大夫万俟卨编织罪名，弹劾岳飞：

一是说岳飞自从担任枢密副使以后，悠闲消极，不问国事；

二是说岳飞在今春的淮西之役中，违抗朝廷旨意，迟迟不出兵，以致有揅州败北；

三是说岳飞不久前同张俊前往楚州安抚韩世忠旧部时，竟然当着张俊的面，反对修复楚州城垣，公然宣称楚州应当放弃。

据此，万俟卨要求朝廷免去岳飞枢密副使官职，把他贬斥出朝。这些"罪状"，除第一条事出有因外，其余两条完全是凭空捏造或故意歪曲。万俟卨弹劾之后，赵构暂时未加处理。

与此同时，宋、金之间的关系又发生了新的变化。金朝自从兀术执掌军政大权之后，连续两次大举南侵，都遭到以岳家军为主的宋军的迎头痛击，损兵折将，一败涂地。

兀术不得不承认"南宋近年军势雄锐。"他慑于岳家军的威力，改变了策略，再度使用诱降的办法，以求达到他用攻战所无法达到的目的。

绍兴十一年八月初，兀术写了一封"撅书"，让早先被扣押的两名宋将英莫和韩恕南归，带给赵构和秦桧。信中极尽威胁之能事，企图逼迫赵构屈膝投降。

这件事很快地被岳飞知道了。他实在按捺不住激动的心情，便鼓起勇气，直谏说："在我班师后，兀术无缘无故来约和，必是探听我们的虚实，或者是虚声讹诈，如果轻信他的话，则是有害而无利啊。"

秦桧见岳飞仍然顽强不屈地反对和议，气急败坏，又唆使御史中丞何铸和殿中侍御使罗汝揖两个人，再次弹劾岳飞。"罪名"无非是重弹万俟卨的老调，并敦请朝廷给予岳飞处分。

秦桧故意命万俟卨将那些奏章抄了副本，交给岳飞。

岳飞知道自己被人弹劾，而且又是编造和一派胡言，心中气愤之极，便上章自请罢免。这正合赵构和秦桧的心意。

当年八月初八，宋廷颁下诏旨，免去岳飞的枢密副使之职，命他以"武胜定国军节度使"充任"万寿观使"的闲职。

岳飞被解除枢密院的官职，返回江州庐山旧居赋闲之后，朝廷上梗阻和议的最大障碍已除，赵构和秦桧等便进一步出卖主权、土地和人民。

他们先是派刘光远、曹勋二人，带了求饶告哀的书信，去金营拜见兀术。

兀术不满意于赵构信中的措词和来使官位太低，将原函退回。他们连忙又改派官位较高的魏良臣和王公亮为"禀议使"，前往求见兀术，表示只要金方按兵不动，议降的条件就一定听从兀术的"钧诲"。

魏良臣和王公亮到了金营一面向兀术呈递书信，一面口述赵构和秦桧拟定的投降条件：

> 以淮水中流作为宋、金的分界线；
>
> 淮水以西的唐、邓两州，全部割让予金；
>
> 每年向金贡纳银 20 万两、绢 25 万匹……

哪知兀术的胃口更大，并不以此为满足。经魏、王两人再三叩头哀求，兀术才勉强允诺。

赵构得到兀术允降的回书后，欣喜若狂，立即以"臣"自居，写了坚决投降的"誓表"，答应割让土地，交纳岁币，并厚颜无耻地说什么"既蒙织造，许备藩方，世世子孙，谨守臣节"。

他还委派何铸和曹勋为正副专使，去兀术军营朝拜。

兀术见自己诱降策略完全成功，不免志得意满，即命何铸、曹勋将赵构的"誓表"送往会宁府献给大金皇帝。

由于兀术曾提出过一定要杀岳飞方可言和的先决条件，因此，在赵构和秦桧的这场丧权辱国的大出卖过程中，一个置岳飞于死地的罪恶勾当，即将付诸实施。

除夕之夜赐死风波亭

为了置岳飞于死地，秦桧等人千方百计罗织岳飞的"罪状"。张俊在秦桧的授意下，先是利用岳家军的内部矛盾，对王贵进行威胁和利诱，要他诬陷岳飞。王贵终于屈从。接着他们又收买张宪的前军副统制王俊。

王俊过去在军中做刽子手。有一次，他的同僚中有一个名叫呼干的人得罪了他，他便捏造罪名加以陷害，致官运亨通，步步高升，人们因此称他为"王雕儿"。但是自从他被编入岳家军后，五六年来却寸功未立，一官不升，而且每每因奸贪而遭到张宪的制裁，所以一直怀恨在心。

张俊得到这样一个无赖小人，当然喜出望外，便立即命人代他写好一份状纸，题目为《告首状》，唆使他出首诬告岳飞的部将张宪。说张宪为了迫使朝廷将军权交还给岳飞，阴谋裹胁大军开往襄阳。

王雕儿接受这项任务后，便乘张宪轮到去京口枢密行府参见张俊的机会，向王贵投送那份《告首状》。王贵明知这是彻头彻尾的诬陷，却屈从于秦桧、张俊的压力，违心地将此《告首状》送交秦桧的心腹林大声。

林大声又急忙转送到京口枢密行府张俊手中。张俊收到王俊的《告首状》，立即组织枢密院的官吏审此案，严刑逼供，企图将张宪屈打成招。然而，无论经受怎样的折磨，他都咬紧牙关，决不让他们的阴谋得逞。

张俊等一不做，二不休，又捏造岳飞之子岳云曾写信给张宪，唆使张宪阴谋制造兵变，以威胁朝廷。因此，张俊又立即逮捕了与张宪同来的岳云，把他打得死去活来，但仍然得不到张俊所要的口供，只得将二人一并解往临安。

张宪、岳云的囚车到达临安，秦桧命将二人暂时看押在大理寺中，自己则上朝奏报皇上。赵构听到此事。先是大吃一惊，因为他事前并未知悉详情，感到非常突然。

秦桧奏请赵构下诏，把岳飞抓来，与张宪、岳云当面对质，将案情弄清，从而定罪严惩。赵构答应让秦桧全权处理此案。

秦桧得到赵构的默许后，首先考虑的是怎样去诱捕岳飞。他想到殿前司统制杨沂中和岳飞是结拜金兰的义兄弟，不久前杨已被张俊所笼络，如果派他去劝诱岳飞前来临安，估计不会引起岳飞的怀疑。于是，立即命人呼唤杨沂中到相府议事。

杨沂中奉命来到宰相府第，秦桧没有亲自接见他。一名值日官交给杨沂中一份堂牒，要他立刻去庐山，拘捕岳飞。值日官传达秦桧的命令，说："一定要将活的岳飞带来！"

杨沂中还没有到达庐山，岳飞的一位旧部属蒋世雄，已得到王俊上告张宪"背叛"的消息，专程从鄂州飞马来到庐山报告。

因此，岳飞得知杨沂中奉命前来，便深感凶多吉少。在岳飞的结拜兄弟中，杨沂中排行第十。岳飞紧紧地抓住杨沂中的手，问：

"十哥，你是为什么事来的?"

"这里不是说话之处，"杨沂中说，"咱们到府上再谈吧!"

岳飞心头更浮起了不祥的预感。他默默地陪同杨沂中走进厅堂，杨沂中随即把秦桧交给他的堂牒让岳飞看了，并将张宪和岳云都已被扣押，朝廷要岳飞前去对质等情况，告诉了岳飞。

岳飞感到情况相当严重，但他自信做事光明磊落，面君以后，一切是非总可以分辨清楚的，当下便跟随杨沂中前往临安。为了稍作准备，岳飞抽身转回内院去。

杨沂中满腹狐疑，忐忑不安地在大厅里等待。过了一会，一名侍女捧了一杯酒由内院走出来，送到他面前，说："岳将军请你喝掉这杯酒。"

杨沂中心里愈加不安起来。他想，岳飞大概是到后院去自尽了，这杯酒一定是毒酒，是要我也死在这儿!

杨沂中盯着侍女看了半晌，觉得并没有什么可疑的神情，又探听岳飞在内院干什么。侍女的回答也十分坦然。他这才举起酒杯，一饮而尽。

岳飞从内院出来，笑吟吟地对杨沂中说："刚才这杯酒并不是毒酒。你既然放心喝了它，就证明你真够朋友。好吧!我跟你去。"

岳飞略略收拾了一下，便带了几名随从离开庐山，随同杨沂中去临安。

黄昏时分，岳飞一行投宿在江上巡检官的宅院里。宅院的主人得知来客就是久闻大名的岳飞，连忙收拾了一间最好的房间，请岳飞住进去。

岳飞又坚执地说："谢谢你，我还是住在门房里吧!"

巡检官再三邀请，看见岳飞执意不肯搬进内室，只得依了他。

深夜，门房里的蜡烛还没有熄灭。巡检官好奇，走到窗前偷偷张望。只见岳飞在和随从说话，但声音很小，听不清楚说些什么。最后岳飞站起身来，正色道："我只有前去！"

岳飞一行晓行夜宿，于当年十月十三日到达临安府。秦桧向赵构报告后，便派人去请岳飞，说是要他到朝廷去听圣旨。

岳飞坦然地上了大轿。哪知秦桧派去的这顶轿子，没有把岳飞抬到朝廷，却把他送到了大理寺。

岳飞下轿，看到四周的房子都垂挂着门帘，感到有些惊诧。正在彷徨间，只见几名狱吏从屋内走出来。对他说："这里不是相公坐的地方。请到后面等候，请前去核对几件事情。"

岳飞问："我为国出力半生，怎么今天竟到了这儿，这究竟是为什么呢？"

没有人理睬他。他只得跟着狱吏前去。

到了一间阴暗的牢房前，只见张宪和岳云戴着沉重的枷锁镣铐已被折磨得遍体鳞伤，血迹斑斑。岳飞目睹这一惨状，心肝俱裂，泪如泉涌。对岳飞的审讯，立刻在大理寺进行。负责审讯这一案件的是御史中丞何铸与大理寺卿周三畏。

何铸慑于秦桧的淫威，两个月前曾弹劾了岳飞。这次他又奉命主持审讯。

何铸问："有人投书密告，说你担任枢密副使以后，心怀不满，久欲恢复兵权，阴谋叛乱。可有此事？"

岳飞坦然地回答说："如欲叛变，我早已去向鄂州，何必只身来到临安！"

何铸又问："你指使岳云写信给张宪，意欲恢复你的兵权。"

岳飞再反问："张宪、岳云有无口供？"

何铸说："没有。"

岳飞愤怒地说："既无口供，又无物证，这如何能构成罪状！"

何铸理屈词穷，但又不甘就此罢休。他向岳飞提出王俊的《告首状》作为证据，说："岳少保，大理寺奉旨开庭审讯，你应从实招认。"

岳飞强压住满腔怒火，沉着地为自己和张宪、岳云辩白冤情，他将王俊《告首状》中的矛盾，一一指陈，痛加驳斥，讲得有理有据。

岳飞反问何铸："王俊既然早已跟张宪反目成仇，那么张宪如有谋反之意，这样的机密大事，怎么会毫无顾虑地向王俊倾吐？更何况我原先的亲卫军的头领们，都会一无所知呢？"

岳飞慷慨陈词，列举金兵的历次南侵，他都亲书的奏章，请缨抗战，而每次作战，他又都亲冒矢石，出生入死，他披肝沥胆，毕生报效国家。

良心还没有泯灭的何铸，又一次审查了所有的案卷，发现王俊所提供的材料，实在自相矛盾，漏洞百出，明显是诬陷之词。他想强敌未灭，就这样无故地陷害一员大将，必然会失去军心，对于社稷的长治久安非常不利，于是便如实向秦桧说了自己的想法。秦桧理屈词穷，但为了实现既定的阴谋，又改派万俟卨来审讯岳飞一案。

大理寺公堂上阴气沉沉，皂隶分列两旁。在沉重的钟鼓声中，万俟卨得意地登上了主审的高位，吩咐带岳飞上堂。随着皂隶的哈喝声，岳飞身着青布袍，拖着沉重的镣铐，迈步来到堂前。

万俟卨把王俊等人捏造的物证摆在面前，向岳飞大声呵斥道："国家有哪点亏负了你们，你们父子却要与张宪共同谋反？"

岳飞怒火填膺，目眦尽裂，大声说道：“我可以对天发誓，我绝对没有半点负国的行为！你们既主持国法，就不该陷害忠良！”

万俟卨冷笑了几声问：“你说你没有反意，那么你可记得，游天竺寺时，你曾在墙壁上题过‘寒门何载富贵’那句话吗？”

陪审的官吏们立即随声附和说：“既然写下那样的话，岂不是要造反吗？”

岳飞望了望高高在上的万俟卨之流，望了望周围阴森森的大堂，感到自己的命运已经完全掌握在这些奸佞小人的手里，一任他们摆布，任何争辩也不能洗刷自己的不白之冤了！

于是，岳飞长叹一声，说道：“想不到我竟落在秦桧这个卖国贼手中，使我十几年来的报国忠心，全都付之东流了！”说罢，他闭上眼睛，任凭狱卒百般拷打，再也不说一句话。

秦桧和他的党羽，为了置岳飞于死地，拼命罗织“证据”，然后深文周纳，编造了几条“罪状”。

一是说，几年以前，岳飞第一次作节度使时，曾对人夸耀说：“32岁上做节度使，自古少有！”而在这个年岁上做节度使的，只有开国的太祖皇帝。岳飞胆敢与太祖皇帝相比，这分明怀有很大的野心。

二是说，岳飞退师鄂州时，曾问部将：“天下大事究竟怎么办呢？”张宪回答说：“在于将军处置罢了！”这分明是大逆不道，企图谋反的话语。

三是说，当岳飞听到张俊等兵败涂州的消息后，曾对部将说：“国家今天的处境真是不得了，官家又不修德！”这岂不是有意动摇人心，指斥皇帝吗？

岳飞的冤狱，震动了朝野。百姓们一批又一批涌向大理寺，要求释放岳飞。朝廷上的一些正义之士，也纷纷上书，为岳飞仗义执言。

韩世忠虽已罢去枢密使官职，仍前往质问秦桧："要定岳飞罪，究竟有何证据？"

秦桧含糊其辞地回答说："岳飞给张宪的书常，内容虽不清楚，但这样的事情，莫须有！"

韩世忠气愤地对秦桧说："相公，你这'莫须有'三字，怎么能使天下人心服呢！"

1141 年，宋朝终于和金签订了辱国丧权的"盟书"。

岳飞的案子，由于朝野的反对，一直拖延未决。时间慢慢推移，不觉到了腊月二十九，眼看新的一年就要来临。

秦桧一个人闷闷不乐地坐在书房里，手里拿着刚吃剩下的柑子皮，下意识地用指甲在上面来回画个不停。杀岳飞吧！没有证据，民情汹汹，难以平服；不杀岳飞吧！金方又不答应，万一兀术借口翻脸，那更不得了！

正在这时，秦桧的老婆王氏警告他说："你做事真太不果断！你岂不知道，捉虎容易放虎难啊！"秦桧在他老婆的提示下，恍然大悟，立即写了一张纸条，命亲信送到大理寺。

万俟卨等奉命匆匆上书，奏请将岳飞处以斩刑，张宪处以绞刑，岳云处以徒刑。

赵构接到奏章，当时就提起朱笔，批道："岳飞特赐死，张宪、岳云并依军法施行。杨沂中监斩。"

临刑前，万俟卨等最后一次提审岳飞，企图让岳飞在他们炮制的"供状"上画押。

岳飞知道自己面临最后时刻，却视死如归，昂然转过身来，取过笔，在供状上写了个大字："天日昭昭！天日昭昭！"随即，端起酒杯，饮下了毒酒。

除夕之夜，北风呼啸，漫天大雪。累建奇勋、年仅 39 岁的岳飞，终于被逼喝下了赵构"御赐"的毒酒！

张宪、岳云被押赴在市曹，斩首示众！曾经驰骋沙场的英雄们的满腔热血，没有洒在长城内外，没有洒在万里沙场，却洒在临安西湖，洒在昏君、奸臣银烛华筵、庆贺升平的歌舞声中！

风波亭是南宋杭州大理寺狱中的亭名，在这里留下了震惊世人的大阴谋：宋高宗赵构听信奸相秦桧谗言，诬陷岳飞谋反，一代名将岳飞及其儿子岳云、部将张宪在风波亭内被杀害。

"还我河山"永驻人间

岳飞被害后，狱卒隗顺冒着生命危险，将岳飞遗体背出杭州城，埋在钱塘门外九曲丛祠旁。

为了日后辨识，隗顺又把岳飞身上佩带过的玉环系在其遗体腰下，还在坟前栽了两棵橘树。隗顺死前，又将此事告诉其儿，并说：岳元帅精忠报国，今后必有给他昭雪冤案的一天！

1161 年，金朝统治者再次撕毁和约，水陆并进，分兵南侵，势甚凶猛。这时南宋臣僚和太学生中都有人上疏给赵构，也有人上书给知枢密院叶义问，提议雪岳飞之冤，"以谢三军之士，以激忠义之气。"

赵构这时在内心的深处虽又打算着向南方逃跑的"避狄之计"，然而，终于拗不过朝野军民主张抗战的舆论和气势，因此，他又不得不极其勉强地下诏宣布要亲往建康去"视师江上"。

而允许释放岳飞、张宪子孙家属的诏令，就是与"视师江上"的诏令同一天发布的。同一天发布的这两道诏令，虽然都是与鼓舞军民的抗金情绪有关的，然而，赵构在这里竟把岳飞、张宪与蔡京、童贯相提并论，作为同一类人物看待，却有些不分青红皂白了。

但不管怎么说，岳飞的被流放到广南地区、且还屡被移徙的妻子家属，总算因为这道诏令而又回到江州家中了。

绍兴三十二年六月初十，宋高宗赵构禅位给他的过继儿子，自己则以太上皇帝的身份而退居于德寿宫中。

受禅的孝宗，是一个有志于对金用兵、收复失地、报仇雪耻的人。自从他幼年被收养在宫中之后，即对于主张抗战的文武臣僚，特别是对于岳飞，深表敬重；而对于秦桧则极为鄙视，且曾因此遭受到秦桧的忌妒，并一度吃过秦桧的亏。

对于岳飞等人的惨遭杀害，宋孝宗是深感痛心的。所以，孝宗在受禅之初，便于七月初十以仰承太上皇帝旨意为名，下令追复岳飞的原官，"以礼改葬，访求其后，特与录用。"

当年十月十六日，宋廷以正式文告，宣布追复岳飞的"少保、武胜定国军节度使、武昌郡开国公、食邑六千一百户、食实封二千六百户。"

同年十月十八日，岳飞的李夫人恢复楚国夫人的封号；儿子岳云也追复为左武大夫、忠州防御使，以礼葬于岳飞墓旁；次子岳雷则追复为忠训郎、阁门祗侯；三子岳霖恢复了右承事郎的官职。

20年后，即1162年，宋孝宗赵昚为顺应民意，特降旨为岳飞澄冤昭雪，并以500贯白银的高价征寻岳飞的遗体。隗顺的儿子把其父藏尸的真相告知官府，岳飞的遗骨才得以迁葬杭州西子湖畔栖霞岭，让后世之人络绎不绝地于墓前凭吊。要不是隗顺，我们今天凭吊的恐怕就不是民族英雄的真正遗体了。

宋孝宗隆兴元年七月十九日，经岳云的儿子岳甫的奏陈，南宋王朝发还了岳飞生前在江州所置田宅房廊。

淳熙五年闰六月二十二日，经岳飞第三子岳霖的奏陈，南宋王朝把岳飞生前所接受到的赵构写给他的全部"御笔"、"手诏"，全部发还。

按照宋朝的规定，对于封爵已至王、公，或文武官僚的职位已到三品以上的，身死之后都要谥以美名。

岳飞是惨遭杀害的，自然不可能再有"易名之典"；然而到孝宗即位之后，他的冤案已经得到平反昭雪，生前的职衔也全已明令恢复了，而有关"谥号"的事却迟延了 10 多年而犹未被人提及。

乾道 6 年湖北转运司上书给南宋政府，要为岳飞在鄂州建立庙宇，南宋政府也只答复他说："奉敕，宜赐忠烈庙为额"，说明这个庙额还只是临时拟定的。

到淳熙四年，江东转运副使颜度上奏说，应为岳飞定谥，太常寺拟请"谥以忠威"，但孝宗未予同意，"令别拟定"。后来再由太常寺复议，又建议说：

> 兹按谥法，折冲御侮曰武，布德执义曰穆。公内平群盗，外捍丑虏，宗社再安，远迩率服，猛虎在山，藜藿不采，可谓折冲御侮矣；治军甚严，抚下有恩，定乱安民，秋毫无犯，危身奉上，确然不疑，可谓布德执义矣。合兹二美，以武穆谥公，于是为称。

到淳照五年十二月十二日，宋孝宗同意了这个意见，于是正式宣布，确定岳飞谥号为武穆。

到宋宁宗赵扩即位以后，权臣韩侂胄为了提高和巩固自身之权势地位，一心要发动对金的战争。

他首先使用各种方法"以作六军之气"，并未经岳飞后裔或其他臣僚的陈请，便于嘉泰四年五月下诏说，岳飞"可特予追封王爵"，到六月二十日，发布了正式文告，追封岳飞为鄂王。

然而，昭雪事项到此还未告结束。宋宁宗于嘉定十七年去世，理宗继位之后，认为岳飞谥曰武穆，既不能完全符合孝宗的本意，也不足以概括岳飞一生的功德，便下诏说：

> 易名之典虽行，议礼之言未一：始为忠愍之号，旋更武穆之称。到底还是未能尽满人意。所以决定要改用更合适的字样。

太常寺拟议改为忠穆，然而宋理宗觉得仍难满意。于是在宝庆元年下诏说：

> 昔孔明之志兴汉室，若子仪之光复唐都，虽计效以或殊，在秉心而弗异。垂之典册，何嫌今古之同符；赖及子孙，将与山河而并久。……故太师追封鄂王，特与谥忠武。

岳飞虽从此年即改谥忠武，从此下距南宋之亡虽然还有 50余年，但岳武穆之称号一直流传于世，一直未为忠武之称号所取代。

岳飞是中华民族的民族英雄。他的爱国主义精神赢得了人民的高度赞扬，千百年来一直激励着中华民族的子子孙孙；而赵构、秦桧之流杀害岳飞和侵略者投降的卑鄙行为，却永远遭到人民的无情诅咒。

封建的统治者千方百计企图把这鲜明的爱憎从人民的记忆中抹去，但这是永远也办不到的事情。

明朝中叶，常熟人周木参见浙藩时，用铁铸造了秦桧夫妇的跪像，投放在岳飞墓的前面。后人又增铸了张俊和万俟卨的跪像。

岳飞的一生，是英勇抗击外族侵掠的一生，他的坚决反抗民族压迫的爱国主义精神和坚贞不屈的民族气节，为中华民族树立了优秀的典范并提供了高尚的精神遗产，值得人们永远纪念。

附：年　谱

1103 年，岳飞出生于北宋相州汤阴。

1122 年，岳飞 19 岁，应真定府宣抚使招募，当上了一名"敢战士"，率军平定了相州一带的匪乱，后因父丧归家守孝。

1126 年，岳飞再次投军，应刘浩招募，在相州参加了赵构大元帅府的部队。

1127 年，岳飞投东京留守使宗泽麾下。当年农历十二月先以 500 骑兵破金兵于泗水，后在芦笋渡用奇兵再败金兵。宗泽赏识岳飞智勇过人，擢升岳飞为东京留守司统制。

1131 年，岳飞隶属张俊所部，期间破李成，收降张用。

1132 年，农历正月末，岳飞被任命为知州、兼荆湖东路安抚使、都总管，统率军马前往潭州。

1134 年，任江南西路、舒、蕲制置使兼荆南、鄂、岳、黄、复州、汉阳军、德州府制置使。同年，上书高宗收复襄阳六州。五月，岳飞自鄂州出兵 3 万进攻伪齐。临行登船时，对众将云："定叫贼人还我河山，飞不擒寇，誓不返渡。"当年，岳飞升官拜太尉。

1136 年，农历正月，岳飞从鄂州防地赶平江府，参加由张浚主持的军事会议。南宋朝廷任命岳飞为北伐西路军的统帅，从襄阳出发，直捣中原。

1137 年，岳飞由于进军陈蔡所建的功勋而受到褒扬，官阶由检校少保晋升为太尉。他的部将董先、牛皋、王贵等人也都得到了晋升。

1138 年，岳飞施反奸计用完颜宗弼杀刘豫。同年，岳飞怀着极端失望的心情，回到庐山东林寺旁他的府第中去，写了一道奏章给南宋王朝，说因与宰相张浚意见不合，请求解除兵权，留在庐山，为他的母亲守孝。

1139 年，岳飞在鄂州听说宋金和议将达成，立即上书表示反对，申言"金人不可信，和好不可恃"，并直接抨击了相国秦桧出谋划策、用心不良的投降活动，使秦桧抱恨。

1140 年，金国撕毁绍兴和议，兀术等分四道来攻。由于没有防备，南宋军节节败退，城池相继失陷。随后高宗命韩世忠、张俊、岳飞等出师迎击。很快，在东、西两线均取得对金大胜，失地相继收回。岳飞挥兵从长江中游挺进，实施锐不可当的反击，他一直准备着的施展收复中原抱负的时机到来了。岳飞于六月再次从鄂州出兵北伐，大破兀术"拐子马"于郾城，这就是历史上有名的郾城大捷。

1142 年，赵构、秦桧等将岳飞杀害于临安，岳飞时年仅 39 岁。其子岳云及部将张宪也同时被害。20 年后，宋孝宗即位，岳飞的冤狱得以昭雪。